동네 책방
생존 탐구

동네 책방
생존탐구

한미화 지음

출판평론가 한미화의
동네책방
어제오늘 관찰기
+지속가능 염원기

혜화
11
17
화

책을 펴내며

우주가 바뀌는 날
머물고 싶은 곳,
동네책방

지금 이곳은 바닷가 마을에 자리한 책방이다. 원고를 쓰는 동안 '책을 펴내며'를 쓰는 이 순간을 자주 상상했다. 속초, 강릉, 부산…… 어디라도 좋았다. 아름다운 동네책방에서 이 글을 쓰리라, 다짐했다. 어서 그날이 오기를 바랐다. '책을 펴내며'를 쓴다는 건 이 책을 다 썼다는 의미이기도 해서였다. 그만큼 이 책을 쓰는 일은 만만치 않았다.

생각해보면 나의 읽기는 동네책방과 더불어 자랐다. 소도시 변두리에서 유년 시절을 보낸 내가 처음 만난 서점은 버스정류장 근처 고갯마루에 있던 작은 책방이다. 그곳을 자주 기웃거린 건 '어문각'에서 나온 '클로버문고'가 가지런히 꽂혀 있었기 때문이다. 10대가 되면서부터는 지역의 소도시마다 있던 중·대형 서점을 자주 들락거렸다. 참고서부터 시집까지 내가 읽은 모든 책은 그 서점들과 함께 시작되었다. 젊은 시절에는 종로와 신촌의 서점을 약속 장소 삼아 들락거렸다. 그러다 언젠가부터 책방 나들이가 뜸해졌다. 집 주위에 책방이 점차 사라졌기 때문이기도 했고, 자연스럽게 온라인 서점을 이용하는 날이 많아져서이기도 했다.

오랜만에 다시 책방을 찾기 시작한 건 2015년 무렵이었다. 그동안 내가 만났던 서점과 참 많이 달랐던 동네책방은 생각지 못한 즐거움을 주었다. 책과 사람과 모임과 다양한 커뮤니티가 그곳에서 피어나고 있었다. 대학로 '책방이음'에서 일본어 강의를 들었고, 그때 만난 사람들과 교토 '게이분샤' 이치조지점을 방문한 추억도 있다. 김포 '꿈틀책방'이 진행한 '베아트릭스 포터의 그림책 전권 읽기'와 수원 '마그앤그래'가 온라인으로 진행한 '톨스토이 100일 읽기'에도 동참했다. 동네책방이 있었기에 피터 래빗 시리즈와 『안나 카레니나』를 마침내 완독하는 기쁨을 누릴 수 있었다. 집 근처에 생긴 한옥 책방 '서울의 시간을 그리다'에 동네 주민으로 놀러 가는 재미도 빼놓을 수 없다. 이뿐만이 아니다. 어디든 출장을 가거나 여행을 가면 꼭 그곳에는 어떤 책방이 어디에 있는지를 살피는 버릇도 생겼다.

나는 우둔하여 늘 겪고 나서야 아는 것들이 많다. 도서관 가까운 곳으로 이사를 온 후에야 도서관이 얼마나 귀한지 알았고, 책방을 드나들며 동네책방의 중요성을 절감했다. 그러자 동네책방 이야기를 책으로 써보고 싶어졌다. 시작할 때만 해도 '동네책방 전성기 탐구'라는 제목을 마음에 품었다. 초고를 마무리할 무렵 자연스럽게 제목은 '동네책방 생존 탐구'로 바뀌었다. 서점업이 어렵다는 걸 모르지 않았지만 막상 뚜껑을 열자 생각 이상으로 책방 운영은 고난의 길이었다.

힘들지 않은 자영업이 있을 리 없지만 책방은 운영자의 열정과 노력만으로 해결할 수 없는 문제가 엄연히 존재하고 있다. 유통 구조상 영업이익률이 현저히 낮은 데다 현행 도서정가제가 허용하는 할인과

적립을 하고 나면 책방 주인들의 손에 남는 것은 별로 없다. 게다가 우리 모두가 잘 알고 있듯이 결정적으로 책은 잘 팔리지 않는다. 어쩌다 책방에 온 독자 중에는 그저 사진만 찍고 가는 이들도 적지 않아 힘이 빠진다.

그런데도 참으로 신기하게 동네책방은 꾸준히 늘고 있다. '한국서점조합연합회'는 2017년, 2019년에는 새로 생긴 동네책방을 '기타 서점'으로 분류했다. 전통적인 서점과는 성격이 다르다고 판단했기 때문이다. 이에 따르면 2017년에는 약 301곳이, 2019년에는 약 344곳의 동네책방(기타 서점)이 생겨났다. 그러다 2022년에는 서점과 기타 서점의 분류가 더 이상 의미가 없자 이를 통합해 발표했다. 2021년 국내 서점은 모두 2,528곳으로 집계되었다. 2019년에는 다 합쳐 2,320곳이었으니 208곳이 더 생겼다. '퍼니플랜'의 동네책방 집계도 비슷하게 증가세다. 2019년에는 551곳, 2020년에는 634곳, 2021년에는 745곳이다. 2000년 이후 줄곧 내리막길을 걷던 서점의 숫자가 처음으로 증가세를 보였다. 그런데 한쪽에서는 이렇게 새로운 서점이 문을 열지만, 다른 쪽에서는 있던 서점이 문을 닫고 있다. 한마디로 서점의 생존을 낙관할 수만은 없다는 의미다.

그런 까닭에 이 책에서는 동네책방이 가진 매력과 특징, 탄생의 배경과 존재의 이유만이 아니라 생존을 위한 책방들의 고군분투와 그들의 지속가능성에 대한 고민까지도 함께 살피려 노력했다. 그러다 보니 동네책방이 책만 팔아서 지속적으로 운영할 수 있는지, 동네책방 운영의 어려움은 무엇인지에 관해 개별적 이유만이 아니라 구조적인 측면까지도 들여다볼 필요가 생겼고, 꼬리에 꼬리를 물어 '출판사-도매점(대형 소매 서점)-서점'으로 이어지는 출판 유통 구조와 공급률 그리고 동네책방의 수익원으로 의미를 갖지 않을 수 없는 납품 상황까지 두루 살펴야 했다. 필연적으로 도서정가제의 태동부터 현재까지를 언급하지 않을 수 없었고, 나아가 동네 책방의 여러 실험과 책 판매 이외의 수익원으로 선택한 비즈니스 모델이나 큐레이션 이야기도 빼놓을 수 없었다. 여기에 더해 부족하나마 책 생태계의 한 주축으로 동네책방이 살아남기 위한 방편으로 공공성과 연대에 대한 고민도 덧붙였다.

동네책방이 살아남기 위해서는 무엇보다 참신한 비즈니스 모델이 중요하고 필요하다고 여긴 적이 있다. 이 책을 쓰는 동안 책방의 생존과 지속가능성의 모색을 고민하다보니 '참신한 비즈니스 모델'이란 물론 없는 것보다야 낫겠으나 우선이 아니라는 생각에 이르렀다. 그렇다면 무엇이 우선일까. 내 생각의 현재 종착점은 동네책방이 책을 중심으로 지역 커뮤니티의 중심이 되는 일이 먼저라는 데 가 있다. 그러기 위해서는 일회성 지원이나 미디어의 조명보다 동네책방의 당면한 현실을 공유하고, 지속가능성을 위한 토대를 만들어가려는 모두의 노력이 절실하다.

출판·서점 유통 환경은 살아 움직인다. 이 책을 쓰는 동안 이름이 알려진 동네책방이 여럿 문을 닫았다. 혹은 변화를 모색하기 위해 이사를 한 곳도 많고, 그러다 과거의 명성을 잃어버린 사례도 심심찮게 만날 수 있었다. 그 사이에 대형 서점의 도매업 진출이 시작되었고 국내 2위 도매상이었던 '인터파크송인서적'이 끝내 파산했다. 이런 일들이 그러나 어디 하루아침에 불현듯 벌어진 일이겠는가. 그렇게 되기까지 크고 작은 문제들이 끊임없이 반복되어왔다는 걸 책 생태계의 일원이라면 누구나 다 알고 있다.

이런 시절에 세상에 내놓은 이 한 권의 책이 부디 동네책방을 둘러싼 불균형과 문제점을 짚어보는 시발점이 되고, 동네책방의 미래를 위해 한 걸음 더 나아가는 계기가 되기를 바랄 따름이다.

갈수록 책 읽는 사람이 줄고, 책보다 디지털 콘텐츠가 더 각광받는 시대로 이행하고 있다. 책이라는 미디어가 처음 세상에 모습을 드러낸 이후부터 지금껏 그랬듯 시대에 맞게 책의 물성은 변하고, 책방의 모습도 달라질 테다. 그래도 변하지 않는 것이 있다. 지금보다 더 나은 사람이 되고 싶은 사람들, '여기'가 아닌 '저기'를 꿈꾸는 사람들, 책을 읽으며 자신을 성찰하는 사람들이 있는 한, 책과 책방은 인간과 더불어 살아가리라는 점이다. 이미 책방을 다룬 책이 많지만 한 권을 더하는 건 결국 책방이 책의 미래와 닿아 있기 때문이다. 누군가 내게 '우주가 바뀌는 날 어디에 있었냐'고 묻는다면, 그때 나는 바로 '책방에 있었다'고 답하고 싶다.

한 권의 책은 한 사람의 노력으로만 이루어지지 않는다. 이 책 역시 그러하다. 많은 이의 도움을 받았다. 그동안 찾아갔던 수많은 책방과 거기서 만난 사람들이다. 『동네책방 동네도서관』의 지면을 통해 '한미화가 만난 사람' 연재를 꾸준히 해온 것이 이 책의 바탕이 되어주었다. 출간 전 초고 상태의 원고를 읽고 의견을 보태준 '땅콩문고' 조형희 전 대표와 원고를 읽어준 것에서 나아가 기꺼이 추천사로 힘을 더해준 구미 '삼일문고' 김기중 대표에게 감사의 마음을 각별히 전한다.

매달 『소년중앙』과 『어깨동무』를 사들고 오신 나의 아버지.
당신이 어린 딸을 책 읽는 길로 인도해주셨습니다.
고맙습니다.

2020년 여름
부산 어느 책방에서
한미화

"우리에게도 책이 무섭게 팔리던 시절이 있었다. 지금은 아니다. 이미 책은 올드 미디어 취급을 받고 있다. 골목마다 자리잡았던 책방들이 하나둘 사라지고 있다. 정성껏 골라놓은 책을 사진만 찍고 정작 온라인 서점에서 산다면 책방은 어떻게 될까? 한 권의 책은 어디서 사나 똑같지만 정말 똑같은 걸까?"

"책방 주인들이 온갖 노력을 다하지만 이익을 확보하기 어려운 구조의 선봉에는 출판사와 책방 사이에 존재하는 공급률이 있다. 여기에 공정을 추구한 현장에서는 유령 책방이 생겨났고, 새로운 시도 앞에 다양한 폐해가 등장했다. 온갖 다툼과 편법으로 오늘도 동네책방의 피로감은 높아져만 간다."

"도서정가제를 둘러싼 현실적 이해 관계는 복잡하다. 이대로라면 오로지 베스트셀러만이 살 만한 책의 기준이 될 것이라는 점은 분명하다. 그런 세상의 책은 얼마나 별 볼 일 없겠는가. 책방이야말로 책의 다양성을 담보하는 보루다. 다양성이 사라진다면 가장 먼저 독자들이 책으로부터 떠날 것이다."

일러두기

1. 책방과 서점은 의미상 차이가 없으나 이 책에서는 다소 구분을 두었다. '책방'은 주로 2000년대 이후 등장하여 소규모 공간에서 지역을 기반으로 운영하는 '독립서점'이나 '동네책방'을 지칭할 경우 사용하였고, '서점'은 이외의 거의 모든 곳, 즉 '동네책방' 출현 이전의 형태, 중형 이상 규모의 서점을 지칭할 경우 주로 사용하였다. 동네책방의 규모는 약 330제곱미터(약 100평) 미만을 상정하였다. 이에 관하여는 본문에도 언급을 해두었다. 대형 서점은 '대형 서점', '대형 체인 서점' 등으로 혼용하고, 인터넷 서점, 온라인 서점은 '온라인 서점'으로 통일했다. 문맥에 따라 책방과 서점을 혼용하여 사용하기도 하였다.

2. 모든 상호는 작은따옴표('')로 표시하였다. 모임이나 단체명에도 사용하였고, 단어나 문장 등을 강조할 경우에도 사용했다. 이러한 경우 및 인명 등의 띄어쓰기 및 외래어표기는 원칙보다는 이미 그렇게 사용하고 있거나 익숙한 것을 따랐다.

3. 서울에 있는 서점 및 책방에는 별도로 '서울'임을 밝히지 않았고, 지역에 있는 곳은 상호 앞에 지역명을 밝혔다. 서울과 지역을 굳이 구분하고 싶지는 않았으나 매번 서울을 밝히는 것의 번거로움, 지역명을 생략했을 경우 있을 수 있는 정보 전달의 부족함을 막기 위해 그리 하였다.

동네책방,
그 붐업의 시작점

"동네책방은 가고 싶은 책방을 직접 만들고 싶다는 마음,
바로 그곳에서 시작했다. 그리고 이제 동네책방은
읽고 싶은 이들을 읽기의 세계로 이끄는 안내자이자,
한 권의 책과 오감으로 만나고 싶은 '내가 찾던 곳'이 되어
우리 곁에 존재한다."

"동네책방의 시작은 어디에서 비롯된 걸까.
가고 싶던 책방을 직접 만들고 싶다는 마음, 바로 거기부터!"

2000년대 말부터 새로운 형태의 책방들이 꿈틀거리기 시작했다. 지금
껏 만나지 못한 생소한 방식의 독립서점들이 먼저 선보였다. 2008년
'가가린'과 '스토리지북앤필름'이, 2010년에는 '유어마인드'가 오프라
인 책방의 문을 열었다.

　다른 한 축은 2011년 홍대 인근에 생겨난 '땡스북스'라는 이름
의 책방으로부터 가지를 뻗는다. 이후 작은 책방이 연달아 태어났다.
2014년 괴산 '숲속작은책방', 상암동 '북바이북', 제주 '라이킷'like it,
논현동 '북티크' 등은 전통적인 서점과는 사뭇 다른 각각의 개성을 지
녔다. 2015~2016년 무렵에는 문학 책방을 표방한 '미스터 버티고'나
'고요서사', 시집 전문 '위트앤시니컬', 장르문학 전문 '미스터리 유니
온', 고양이책방 '슈뢰딩거' 등 전문 책방까지 가세했다. 동네책방의 전
성기인가 싶을 만큼 독특하고 개성 강한 책방이 앞을 다투듯 생겨났다.
독자의 반응도 제법 뜨거워 이런 책방은 곧 명소가 되었다.

　한동안 중·소형 서점의 폐업 소식만 듣다가 동네책방이 붐처럼 다
시 일어나자 그 자체로 화제였다. 나 역시 당시 한 매체에 책방 주인들

인터뷰 연재를 시작했다. 첫 번째는 당시 장안의 화제였던 논현동 '북티크'*였다. 어딜 가나 똑같은 분류 방식, 베스트셀러를 주로 진열하는 서점을 당연시 여기던 때였다. '북티크'는 문화적 충격을 느낄 만큼 새로웠다. 문을 여는 순간 숨을 흡, 하고 들이마실 만큼 공간이 남달랐다. 지하 공간이지만 층고가 무척 높아 마치 홍대 앞 '산울림' 소극장에 온 듯했다. 문을 열면 바로 무대와 객석으로 활용해도 좋을 스테이지 공간과 계단이 있었고 이곳에서 저자 강연이 열리곤 했다. 두 번째로 놀란 건 엉뚱하게도 헐렁한 서가 때문이었다. 그때까지 다녀본 곳 중 책이 가장 적은 곳을 꼽으라고 하면 당시로서는, '북티크'였다. 박종원 대표에게 책이 너무 적다고 타박하듯 말했고, 그 내용을 인터뷰 기사에 그대로 담았다. 그때까지 내게 바람직한 서점이란 다양하고 좋은 책을 많이 보유한 곳이었다. 도서관 같기도 한 일본 '준쿠도서점'ジュンク堂書店이 내게는 가장 이상적이었다. 나중에 이 글을 본 혜화동 '책방이음' 조진석 대표는 이렇게 따끔한 조언을 건네기도 했다.

"동네책방을 장서량으로 판단하는 건 이미 아무 의미가 없다."

* 2022년 3월 현재, 서교동 시절을 거쳐 더 다양한 활동이 가능한 장소로 이전을 모색 중이다.

박종원 대표는 당시 나의 우문에 '북티크는 독자를 발굴하는 콘텐츠를 만드는 곳'이라며 자신이 만든 새로운 책방을 이렇게 정의했다.

"북티크의 최종 목표는 독자 발굴입니다. 독서를 장려한다며 무작정 책만 내세우면 거부감이 생겨요. 책이 아닌 다른 것들을 책과 결합해서 사람을 일단 오게 하는 겁니다. 책과 연결된 경험을 만들어줘야 비독자를 독자로 만들 수 있어요. 비독자가 독자가 되고 독자가 독서모임 리더가 되고 이들이 다시 비독자를 오게 하는 선순환이 이루어지길 원해요."

이 무렵 동네책방은 무슨 까닭으로 생겨나고, 독자들은 왜 그토록 새로 등장한 책방에 주목했을까. 박종원 대표의 말 속에 중요한 단서가 숨어 있다. 독자들은 언제부터인가 서점을 찾지 않았다. 찾아갈 이유도 느끼지 못하고 있었다. 출판·서점업계 종사자들은 독서 인구가 줄어든다고 아우성친 지 오래였지만 이미 독자가 변했다는 것, 결과적으로 이전과 다른 서점이 필요하다는 사실은 눈치채지 못했다. 그러는 동안 기존 업계가 아닌 다른 곳에서 동네책방이 자발적으로 탄생하고 독자들은 호응을 보냈다. 이전과 다른 서점, 동네책방의 필요성을 스스로 드러내고 해결한 셈이다. 편의상 2011~2014년 사이 생긴 동네책방을 1세대로 부른다면, 각기 성격과 겉모습, 지향점은 다를지언정 분명한 공통점을 찾을 수 있다. 바로 책방 주인 자신에게 필요한 책방, 가고 싶은 책방을 직접 만들었다는 점이다.

2011년 3월, 홍대 주차장 거리에 낯선 이름을 내건 책방이 문을 열었다. 동네책방의 롤모델이 되고 싶다는 바람으로 생겨난 '땡스북스'다. 디자이너로 일하던 이기섭 대표가 책방을 열게 된 배경에는 1990년대 중후반 뉴욕에서 어학연수를 하다 만난 '반스앤노블'Barnes&Noble이라는 씨앗이 숨어 있다. 지금이야 흔한 풍경이지만 1990년대 아시아에서 온 청년에게 서점 안 카페에서 커피를 마시며 여유롭게 책을 읽거나 노트북을 펼쳐놓고 일하는 모습은 동경의 대상이었다.

그 무렵 우리의 서점은 어떤 모습이었을까. '교보문고'처럼 서가와 매대로 가득 채워진, 소설책부터 어린이 책까지 모든 분야와 독자층을 만족시킬 책을 종합적으로 갖춘 중·대형 서점, 또는 버스정류장이나 학교 인근에서 주로 참고서와 잡지 그리고 베스트셀러를 팔던 소규모 서점이 전부였다. 이기섭 대표는 뉴욕에서 '반스앤노블'을 경험한 뒤 서점이 단지 책을 파는 곳만이 아니라 책을 즐기도록 이끌고, 고단한 삶에 풍요와 윤기를 더해주는 곳이라는 걸 깨달았다. 그때의 충만한 기억이 '땡스북스'로 이어졌다.

충북 괴산에 국내 최초로 등장한 가정식 책방 '숲속작은책방'이 있다. 백창화, 김병록 부부는 자신들의 책 『유럽의 아날로그 책공간』을 쓰기 위해 유럽의 책마을과 오래된 책방들을 두루 살폈다. 부러운 마음이 얼마나 컸는지 모른다. 우리나라에서도 이런 책마을 모델을 만들어보고 싶었다. 마음먹고 지역으로 이사를 했지만 부부가 가진 건 책밖에 없으니 일단 넘치는 책을 오두막에 꽂아두고 누구든 볼 수 있게 했다. 헌책인데 사고 싶다는 사람들이 생겼다.

"숲속에 예쁜 정원이 있는, 책이 가득한 집이 있다."

소문이 나자 하룻밤 묵기를 원하는 사람들이 늘었다. 책방과 민박을 시작했다. 이렇게 해서 가정집에서 책을 팔고, 북스테이도 가능한 새로운 책방이 탄생했다. 2014년의 일이다.

'북바이북'이 상암동에서 문을 연 것 역시 2014년이다.* 일본 'B&B'BOOK&BEER에서 영향을 많이 받았다. 북유럽풍 빈티지 스타일 책장과 테이블, 의자가 있는 이 책방에서는 책을 볼 수 있을 뿐 아니라 생맥주를 마실 수 있었다. 진열 방식도 보통 책방과 달라, 만화와 책 혹은 잡화가 여기저기 뒤섞여 있는 편집 진열을 시도했다. 김진아, 김진양 대표는 'B&B'를 보고 충격을 받았고 이를 '북바이북' 스타일로 재창조하

* 2020년 현재, 종로구 광화문점만 운영하고 있다.

여 문을 열었다. '북티크' 박종원 대표 역시 영국 출장길에 잠시 만났던 책방 모습에서 받은 큰 충격이 책방을 시작한 직접적 계기가 되었다고 말한 바 있다.

이처럼 다른 나라의 앞선 책방 문화를 경험하고 새로운 책방의 필요성을 절감한 이들은 부러움과 경탄에 머물지 않고 독자로서 가고 싶은 책방, 스스로에게 필요한 책방을 직접 만들어 보여주었고, 이로써 1세대 동네책방 탄생의 물꼬를 터주었다. 커다란 변화의 시작이 지극히 개인적이고 소박한 이유에서 비롯되는 경우가 종종 있다. 훗날 얼마나 큰 태풍을 몰고 올지 짐작할 수 없는 나비의 날갯짓처럼 말이다.

●

"새로운 책방 문화를 이끈 또다른 날갯짓,
스스로 만든 책으로 직접 독자를 만나는 시도…
타이밍의 적절한 포착"

운영 주체와 목적이 이 책에서 주요하게 살피는 동네책방과 다소 차이가 있긴 하지만 독립서점 역시 새로운 책방 문화를 이끈 또 다른 날갯짓이었음은 분명하다. 독립서점의 1세대에 해당하는 경복궁역 근처 '가

가린'*을 방문한 적이 있다. 이런 공간은 처음이었던 터라 잔뜩 기대를 품었다. 그렇지만 그날 나는 거기에서 한 권의 책도 사지 못했다. 매대에 놓인 책들은, 그러니까 독립출판물은 미안하지만 내 눈에는 마치 '비매품' 같았다. 돈을 주고 사기에는 어쩐지 아까운 기분이 들었고, 이왕 산다면 '멀쩡한 책'을 사고 싶었다. 역시 1세대 독립서점인 해방촌 '스토리지북앤필름' 강영규 대표의 친구들이 책방에 오면 심각한 표정으로 이렇게들 묻는다고 했다.

"이런 책들이 진짜로 팔리냐?"

독립서점을 찾은 독자 중 나 같은 반응을 보이는 사람이 드물지만은 않은 듯하다. 시간이 흐른 뒤 생각해보니 책을 사기 망설였던 그 이유가 바로 오늘날 독립출판물을 있게 한 자유분방함과 실험정신이었다. 독립서점은 흔히 동네책방과 혼용되어 불리는데 이를 구분하자면 먼저 독립출판이 무엇인지 알 필요가 있다. 독립출판이란 개념은 독립영화와 견주어 보면 이해가 쉽다. 거대 자본이 투자되는 상업영화는 감독이 만들고 싶은 대로 영화를 만들 수 없다. 이에 대한 반발로 자본의

---

* 2015년 문을 닫았다.

굴레를 벗어나 일종의 작가주의 노선을 견지하고 감독이 하고 싶은 이야기를 직접 만드는 것이 독립영화다. 출판과 영화는 비교할 수 없을 만큼 그 규모가 다르지만, 출판 역시 이익을 추구하는 산업이니 자본의 문턱이 없을 리 없다. 신인 작가가 기존 출판사에서 첫 책을 내는 건 쉬운 일이 아니다. 오늘날 베스트셀러 작가가 되었을지언정 첫 책을 내기 위해 출판사로부터 열 번, 열두 번 퇴짜를 맞았다는 전설은 늘 되풀이된다. 출판 역시 자본이 투여되는 산업이기에 원고에 어느 정도의 상업성이 있는가를 둘러싸고 심사숙고하는 과정이 필연적이다.

독립출판은 독립영화와 비슷한 이유로 탄생했다. 독립영화가 산업과 자본의 시스템으로부터 '독립한' 저예산 영화라면, 독립출판은 상업 자본으로부터 '독립해' 스스로 창작하고 책을 만들고 유통과 판매까지 책임지는 방식으로 존재한다. 상업성의 잣대를 훌쩍 뛰어넘었기에 창작자들은 실험적인 시도를 통해 책을 만들고, 거칠지만 진솔하게 자신과 주변의 이야기를 책에 담는다. 특히 초창기 독립출판물에는 미술과 디자인 요소가 강하게 반영되어 있었다. 우리 사회에 내재된 독립출판물에 대한 열망을 단적으로 보여주는 사건은 2009년부터 시작, 지금껏 성황리에 열리는 독립출판물 축제 '언리미티드 에디션 - 서울아트북페어'다.

동네책방 태동 이전에 생겨나 새로운 서점 모델을 만드는 데 일정하게 영향을 미친 독립서점의 가장 흥미로운 점은 그 시작이다. 이전과는 다른 책방이 있으면 좋겠는데 찾아볼 수 없으니 직접 만들었던 1세대 동네책방의 출현 방식과 일치한다. 독립출판물을 만드는 창작자들이 출현했지만, 그들의 창작물을 유통해줄 곳은 전무했다. 모든 작가에게 자신의 창작물을 세상에 알리고 싶은 욕망은 필연적이다. 최소 부수를 제작해서 기념으로 소장하고 주변과 나누고 알음알음으로 판매를 해도 책은 남게 마련이고 이걸로는 성에 차지 않는다. 독립출판물을 전시하고 판매할 장소가 절실했던 창작자들은 쇼룸과 판매처의 기능을 겸한 공간이 여의치 않자 스스로 독립서점을 시작한다.

'스토리지북앤필름' 강영규 대표의 이력은 1세대 독립출판물 창작자의 성장 과정을 고스란히 보여준다. 그는 2011년 사진집 500부를 직접 제작했다. 이를 계기로 은행원에서 독립출판물 제작자로, 나아가 독립서점의 대표로 변화했다. '유어마인드' 역시 독립출판물 유통 채널이 없어 2008년 온라인 스토어를 먼저 연 뒤 2010년 5월 홍대 인근에 오프라인 책방을 열었다. 온라인 스토어를 하며 홍대 부근에 독립출판물 수요가 많다는 걸 알았기 때문인데 이후 '유어마인드'는 독립출판물의 메카로 자리잡았다.

2014년 10월 제주 산지천 근처 원도심 칠성로 상가 골목 끄트머리에 문을 연 독립서점 '라이킷'*은 이 무렵 생긴 독립출판물과 일반 단행본, 그리고 굿즈를 함께 파는 전형적인 모습의 책방이었다. 안주희 대표에게 책방에서 굳이 독립출판물을 판매하는 이유를 물은 적이 있다. 돌아온 답변에서 기존과 다른 책방, 일반 단행본이 아닌 '다른' 책에 대한 독자의 요구를 확인할 수 있었다.

"텍스트에 익숙한 기성세대에게 독립출판물은 책이 아닌 것처럼 보여요. 그러나 젊은이들이 보기에 일반적인 책들은 가까이 하기에는 너무나 먼 당신이에요. 이렇게 살아라, 저렇게 살아라며 명령하고 강요하는 자기계발서는 더더욱 싫어하죠. 그들에게는 '지금 이곳에 사는 내'가 공감할 수 있는 책이 필요한데, 저는 그것이 독립출판물이라고 봐요. 독립출판물은 독자들과 비슷한 고민과 관심사를 지닌 창작자들이 자신들의 사랑, 여행, 삶을 이야기하지요. 젊은 독자들은 독립출판물을 읽으며 '이건 내 이야기야'라고 비로소 공감해요. 저도 마찬가지고요."

안 대표는 이런 말도 힘주어 덧붙였다.

"젊은이들에게 왜 책을 안 읽느냐고 강요할 것이 아니라 그들이 공감할 수 있는 독립출판물부터 시작해야 한다고 생각해요."

* 건물주가 바뀌면서 2019년 7월 7일 문을 닫았다.

안 대표 자신이 대학 도서관에서 마음에 드는 책 한 권을 발견한 후 다른 책들로 시야를 넓혀 나갔듯 지금의 젊은 세대도 그럴 수 있다는 믿음이 묻어나왔다. 독립서점에 이어 1세대 동네책방의 출현, 이를 반긴 독자들의 반응에는 기존의 서점과 일반 단행본으로는 충족되지 못한, 변화한 독자의 정서와 기호가 숨어 있다. 바야흐로 다른 방식으로 책을 보여주고 제안하는 동네책방이 필요한 타이밍이었던 셈이다.

●

"우리 곁의 책방을 부르는 다정하고 다양한 이름, 나는 이곳 모두를 동네책방이라 부르리"

독립서점은 처음에는 독립출판물만을 주로 다루는 책방을 의미했다. 물론 용어 자체는 좀 더 포괄적 의미를 지닌다. 미국에서 독립서점 independent bookstore은 '반스앤노블' 같은 대형 체인 서점과 대척점에 서 있는 소규모 책방을 일컫는다. 우리 식으로 말하자면 '교보문고'나 '영풍문고' 같은 대형 서점과 달리 소규모 자본으로 지역에 기반해 운영하는 대부분의 책방은 독립서점이다. 하지만 우리나라에 독립서점이 처음 등장했을 때, 이곳에서 주로 독립출판물만을 판매했기 때문에 독립서점은 곧 독립출판물을 파는 곳으로 이해했다. 그렇다면 지금은 어떨까. 독립서점의 의미는 과거와 같지 않다. 지역에 기반한 작은 규모의 책방을 독립서점으로 통칭하여 부른 지 오래되었다. 독립서점이라고 불리는 곳 중 독립출판물만 주로 다루는 곳은 '유어마인드', '스토리지북앤필름' 등 몇몇만을 손에 꼽을 수 있다. 소규모 자본으로 지역에 기반해 운영하는 대부분의 책방에서는 일반 단행본과 독립출판물을 함께 판매한다. 그러면서 기존 대형 서점들과 다른 복합 서점들을 부르는 용어도 다양해졌고, 뚜렷한 구분 없이 독립서점, 독립책방, 동네책방, 동네 서점 등을 혼용하여 부른다. 2018년 결성된 '전국동네책방네트워크'(책방넷)는 동네책방을 이렇게 정의했다.

'대규모 프랜차이즈 서점 및 학습참고서 판매 중심의 중·소형 서점과 구분되는 개념으로서 단행본 도서를 주로 취급하여 지역 사회를 근간으로 책 문화를 만들어가는 작은 책방'

최근에는 가장 상위의 포괄적 개념으로 지역 서점이란 용어를 사용하자는 연구가 나오기도 했다.[*] 이 책에서는 동네책방이라고 부르기로 했다. 그렇다면 어떤 곳을 동네책방이라고 해야 할까. 고민 끝에 이렇게 정리했다.

'동네책방 : 약 330제곱미터(약 100평) 미만의 지역을 기반으로 한 작은 책방.'

매장의 규모와 운영 방식에 따라 서점을 분류해둔 걸 보면 이해가 쉬울 듯하다.**

구분	규모	운영 방식	대상 도서
오프라인 서점	대형 : 1,653제곱미터 (약 500평) 이상	전국적인 체인 운영	전 분야 도서 판매
	중형 : 330~990제곱미터 (약 100~300평) 내외	지역 기반	전 분야 도서 판매
	소형 : 330제곱미터 (약 100평) 미만	지역 기반, 복합공간	특정 도서 및 큐레이션 도서 중심 판매
온라인 서점	대형		전 분야 도서 판매
	소형		특정 도서 및 큐레이션 도서 중심 판매

* 「지역 서점 현황 조사 및 진흥 정책 연구」, (사) 한국서점조합연합회, 한국출판문화산업진흥원, 2019. 12., p34.
** 「독립서점의 커뮤니티 유형에 관한 연구」, 구선아·장원호, 인문콘텐츠학회, 2018, p10.에서 작성한 표를 바탕으로 다시 만든 것이다.

그렇다면 오프라인 서점 수는 각각 얼마나 될까. 이는 '한국서점 조합연합회'(한국서련)가 2년마다 발간하는 『한국서점편람』을 통해 확인할 수 있다. 서점 수만이 아니라 그 변화 추이까지 한눈에 볼 수 있다. 『2020 한국서점편람』에서는 '일반 서점'과 '기타 서점'을 나누어 집계했다. 하지만 『2022 한국서점편람』에서는 나누지 않았고 총 서점 수는 2,528개다.

전국 서점 수 현황(2003~2021)

연도별	2003	2005	2007	2009	2011	2013	2015	2017	2019	2021
일반 서점	3,589	3,429	3,247	2,846	2,577	2,331	2,116	2,050	1,976	2,528
기타 서점 포함(계)							2,165	2,351	2,320	

(단위: 개)

이 표에서 '일반 서점'은 문구 매출이 10퍼센트가 넘지 않는 곳을 말한다. 2015년부터 2019년까지 '기타 서점'을 추가한 이유는 책만이 아니라 커피, 주류를 비롯한 복합상품을 함께 파는 서점, 이 책에서 말하는 동네책방의 새로운 등장을 단적으로 보여주는 사례이기도 하다.

다른 집계도 있다. '퍼니플랜'의 집계에 따르면 2021년 745곳의 동네책방이 영업 중이다. '퍼니플랜'은 2015년 웹 지도 '함께 만드는 동네서점 지도'를 공개하며 동네책방 데이터를 발표하고 있는데, 2021년 말 기준으로 운영 중인 동네책방은 745곳, 문을 닫은 곳은 181곳이다.

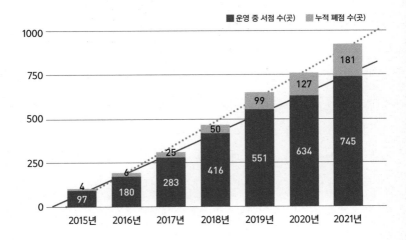

2021 독립서점 증감 추세

■ 운영 중 서점 수(곳)　■ 누적 폐점 수(곳)

"동네책방, 읽고 싶은 이들을 읽기의 세계로 이끄는 안내자,
한 권의 책과 오감으로 만나고 싶은 '내가 찾던 곳'"

중고등학교 시절만 해도 으레 책 친구가 있었다. 재미있는 책을 읽고 나면 친구에게 달려가 "이 책 읽어봤어?"라며 감상을 늘어놓았다. 서로 책을 빌려주었고 심지어 수업 시간에 몰래 읽다가 선생님에게 걸려 혼이 나기도 했다. 언제부터인가 책 친구를 찾기 어려워졌다. 책 이야기를 나누던 나와 그들 모두 어른이 되어 아이들 교육, 부동산, 정치 문제 같은 발등의 불을 끄느라 바빠졌기 때문일 수 있다. 하지만 진짜 이유는 책 읽는 사람이 줄었기 때문이다. 예전의 중심 독자였던 대학생들이 독자군에서 사라진 지 꽤 된다. 그뿐만이 아니다. 요즘 10대들 사이에서는 책을 읽거나 좋아하면 '진지충'이라거나 혹은 '선비질한다'는 소리를 듣는다. '잘난 척하는 재수 없는 아이'로 분류되어 따돌림을 당할 만큼 독서는 희귀하고 별난 취미가 되었다. 이렇게 책 읽는 사람이 드물어졌으니 동네책방은 필요가 없어진 걸까. 그렇지 않다. 오히려 더 절실해진 측면이 있다.

독서가 당위였던 시대, 읽기는 혼자만의 일로 여겨졌다. 혼자 책을 고르고 읽는 것이 자연스러웠다. 지금은 읽기가 선택이 되었고 과거와

다른 시대적 요구도 생겨났다. 마치 중세 시대 친절하고 낭랑한 목소리로 책을 읽어주는 이들이 존재했듯 우리 시대의 동네책방은 읽고 싶은 이들을 책의 세계로 안내하는 새로운 소명을 맡았다.

동네책방이 필요한 독자는 대략 두 가지 유형으로 거칠게 나누어 볼 수 있다. 하나는 디지털 시대에도 여전히 책을 좋아하는 독자다. 이들은 험한 파도를 헤치고 등대를 찾아 정박하는 배처럼 동네책방으로 모여든다. 책을 꾸준히 읽어온 사람들은 다음에 자신이 읽을 책이 무언지 잘 알고 있다. 읽어야 할 책을 정확하게 아는 사람은 온라인 서점에서 책을 사면 그만일까. 그걸로 충분치 않다. 재미있는 책을 읽고 나면 말하고 싶고 알리고 싶어진다. 한 권의 책을 읽은 뒤 감상을 공유하고 싶지만 현실에서는 책 친구를 만나기가 어렵다. 그런 이들에게는 동네책방이 바로 '내가 찾던 곳'이다.

또 언젠가부터 책과 냉담하게 거리를 유지하며 비독자로 살았던 이들이 있다. 가끔 책을 읽고 싶다는 생각을 하지만 책으로부터 너무 멀리 떨어져 있는 것 같아 어디서부터 어떻게 시작해야 할지 막막하다. 미디어 책 소개를 봐도 어렵고, 일반 서점에서 만나는 책도 처음부터 읽을 엄두가 나지 않는 경우도 많다. 우리 사회가 여전히 책에 대해 진지하고 엄숙한 자세를 취하는 탓이다. 게다가 책이란 참으로 불친절하기 짝이 없다. 펼쳐서 읽기 전에는 어떤 내용을 담고 있는지, 얼마나 큰 감동과 정보를 줄지 미리 말해주지 않는다. 대형 서점이나 온라인 서점에 가면 책이 있지만, 많아도 너무 많다. 선택지가 너무 많으면 없느니만 못하다. 『점심메뉴 고르기도 어려운 사람들』을 쓴 배리 슈워츠의 말을 떠올려보자.

"(사람들은) 선택지가 무한하기를 바라지만 실제 쇼핑을 하면 선택지가 제한되기를 간절히 원한다."

오랜 시간 비독자로 살아온 이들에게는 오가는 길에 잠시 들러 서가를 전부 일별한 뒤 조금은 가벼운 마음으로 책 한 권을 집어들 수 있는 곳이 적당하다. 지금 우리 곁에 자리를 지키고 있는 대부분의 동네책방이 바로 그런 곳이다. 책과 오랜 시간 소원하게 지낸 비독자일지라도 대부분 책을 읽는다는 행위는 긍정적으로 여긴다. 많은 사람이 책에 대한 경외감을 여전히 간직하고 있다. 다른 말로 하면 모든 비독자는 잠재적 독자다. 마음속으로 읽기를 동경하는 이들이 한 권의 책을 만날 수 있다면 그때부터 그는 읽는 사람이 된다. 그런 이들에게 필요한 것이 문턱 낮은 책방이다.

한 세대 전만 해도 대한민국 중소도시 어디에나 그 지역을 대표하는 서점이 있었다. 참고서는 물론이고 여타의 책을 사러 문턱이 닳도록 다녔다. 잡지와 신간이 진열된 1층을 지나 계단을 올라가면 '전파과학사'나 '삼중당' 문고를 만나 한나절을 보낼 수도 있었다. 주로 중심 상권에 자리했던 지역 중형 서점은 만남의 장소이기도 했다. 딱히 책을 사지 않더라도 그저 참새방앗간처럼 들르는 곳이었다. 시험에 떨어지고 나서도, 애인과 헤어지고 나서도, 그저 막막할 때도 서점에 가곤 했다. 서점에 얽힌 기억에는 그래서 슬프고 막막했던 순간, 갈 곳 없는 청춘을 받아준 온기가 느껴진다. 그런 이들의 발걸음으로 서점은 늘 북적거렸다. 그때나 지금이나 서점은 그저 책만 사는 곳이 아니다. 사람들이 시간을 보내는 공간이기도 하다. 대부분의 상거래가 온라인으로 가능한 시대가 된 지 오래다. 구태여 시장이나 백화점에 가지 않아도 클릭 몇 번이면 책부터 먹을거리까지 무엇이든 주문할 수 있다. '코로나19'의 여파로 점차 비대면 서비스와 전자상거래가 일상이 될 거라는 예측을 부인하기 어렵다. 그런데, 모든 시스템이 갖춰진다 한들 과연 백 퍼센트 온라인 공간에서만 살 수 있을까? 그럴 수 없을 것이다. 바이러스가 창궐해 원치 않아도 집에 갇힌 듯 지내며 온라인 세상에 기대서만 살아야 하는 시간을 경험하자 모두들 사람이, 학교가, 세상이 그립다고들 아우성이다. 물론 온라인에서 뭐든 살 수 있지만, 배송을 받은 옷과 가방을 입고 들고 나가 누군가를 만나 시간을 함께 할 현실의 공간이 우리에게는 필요하다. 브루클린 벼룩시장 창립자 에릭 덤비의 말에 저절로 고개를 끄덕인다.

"우리 시장(벼룩시장)은 상거래 장소라기보다는 시간을 보내는 곳이에요. 야외에 있고 입장료가 없죠. 뭘 꼭 사야 하는 것도 아니고요. 아는 사람을 우연히 만날 가능성도 높아요."*

동네책방에서 책을 사는 독자는 온라인 서점에서 책을 구매할 때와는 다른 경험을 한다. 온라인 서점에서 책을 살 때는 몇 가지 단서, 상품평, 시각에 의존해 선택하고 구매 버튼을 누른다. 동네책방에서는 오감이 모두 작동한다. 책방이라는 공간, 서가의 구성, 매대 위에 놓인 여러 종류의 책을 보고 만지고 느낀다. 물성으로서의 책을 직접 들고 펼쳐보는 행위, 조명과 음악, 책방의 향기, 책방 주인과의 교감이 동시다발적으로 감각을 자극한다. 책을 보고 있지만 책 이상의 경험이 더해진다. 이렇게 공간의 느낌과 시간 그리고 오감이 더해지기에 온라인 서점에서 배송 받은 책과 아날로그 공간에서 직접 골라든 책은 같은 책이어도 다른 책이 된다. 동네책방을 방문할 때마다 놀라곤 하는 것이 바로

* 『아날로그의 반격』, 데이비드 색스 지음, 박상현·이승연 옮김, 어크로스, 2017.

이런 장소성의 발견이다.

　디지털 시대에 새롭게 가치를 조명 받고 있는 아날로그적인 것들의 이야기를 담은 책 『아날로그의 반격』에는 뉴욕의 유명한 책방 '스트랜드'strand가 등장한다. 실체가 있는 부동산, 진짜 정원, 제한된 책들. 지금껏 오프라인 서점의 약점으로 여겨졌던 것들이다. 이 모든 것을 가진 '스트랜드'는 그러나 단점으로 여겨지던 것을 자산으로 바꿔냈고, 독자들은 이 책방의 아날로그성을 무엇보다 반기고 있다. 온라인 서점의 최고 강자 아마존은 오프라인 서점을 연달아 오픈하고 있다. 왜일까? 사업을 유지하고 확장하는 데 오프라인의 아날로그성이 여전히 필요하고 중요하기 때문일 것이다. 아마존만 그런 게 아니다. 온라인 비즈니스가 이토록 활발한 시대임에도 불구하고 내로라하는 브랜드 기업들은 오프라인 매장의 유지와 관리에 심혈을 기울인다. 오프라인 매장 없이 비즈니스의 성공이 불가능하다고 여기기 때문일 것이다. 물건 하나를 살 때 우리는 단지 그 물건만을 사지 않는다. 공간이 주는 느낌, 다양한 경험을 통해 물건을 구매하고 그 행위를 즐기길 원한다. 디지털 시대, 독자들은 동네책방을 새롭게 발견하고 즐기고 있다.

"동네책방에서 책을 사는 건
당신이 얼마나 멋진 사람인지를 보여주는 일이에요"

영화는 당연히 극장에 가서 보는 것이라고 생각했던 시절이 있다. 학창 시절 신작 영화를 보기 위해 자율학습을 '땡땡이'치고 영화관에 몰래 가는 위험을 감수한 이유는 극장에 가야만 영화를 볼 수 있기 때문이다. 지금처럼 극장 상영이 끝나도 여러 플랫폼에서 바로 영화를 볼 수 있다면, 그토록 애가 닳아 극장에 가지는 않았을 것이다.

시간이 흘러 목침만 한 크기의 비디오테이프를 넣어 영화를 재생하는 VCR이 등장했고 이어 시디롬으로 영화를 보기도 했다. 지금은 거대한 영상 콘텐츠 서비스업체인 '넷플릭스'나 구글 플레이, 포털사이트뿐 아니라 다양한 플랫폼에서 비교적 저렴한 가격에 영화를 시청할 수 있다. 이처럼 한 편의 영화는 극장 상영 후 여러 방식으로 공급된다. 영화를 볼 수 있는 방법이 단 하나뿐이었던 시대에서 여러 가지 방법이 공존하는 시대로 바뀐 것이다. 이러한 변화를 겪으며 영화의 미래에 대한 우려의 목소리가 나오기도 했다. 그렇지만 다양한 플랫폼의 등장 이후에도 영화는 사라지지 않았다. 다양한 디바이스에 맞춘 별도의 영상이 만들어지기도 하지만 영화 그 자체는 여전히 건재하다. 테크놀로지가 발달하면서 영영 사라지는 것도 있지만 이전보다 새로운 선택지를 제공하는 분야도 있고, 올드 미디어와 뉴 미디어가 공존하는 분야도 많다. 책방은 어떨까. 책을 사기 위해서는 당연히 가까운 서점에 먼저 들르던 시절이 있었다. 차차 대형 서점이나 창고형 매장에서도 책을 사는 경험이 늘었고, 홈쇼핑을 통해 책을 사던 때도 있었다. 온라인 서점을 비롯한 새로운 유통망의 등장으로 경쟁력에서 밀린 서점들이 영향을 받아 쇠락한 것은 사실이지만 그렇다고 오프라인 서점들이 불필요했던 적은 없다. '넷플릭스'의 등장 이후에도 사람들이 여전히 극장을 찾는 것과 비슷하다.

온갖 편리함으로 무장한 온라인 서점이 대세가 된 지 오래라지만 독자에게는 온기가 있는 동네책방이 여전히 필요하다. 아니, 어쩌면 디지털 시대가 본격화하면서 그동안 가치절하당하던 동네책방은 더 특별해졌는지도 모른다. 책을 사랑한다면, 감수성이 풍부하고 지적으로 자극 받는 걸 좋아하는 독자라면 빼놓을 수 없는 장소가 동네책방이다. 하루하루를 무심히 흘려보내지 않고, 지적 호기심을 채우고, 나만의 취향을 확인하려고 동네책방을 자주 찾는다. 흔하지 않아 더 멋스러운 자기만의 취향처럼 독자가 동네책방에 가는 것은 디지털 시대이기에 더 귀하고 멋진 경험이다. 이를 바꿔 말하면 이렇다.

"동네책방에서 책을 사는 건 당신이 얼마나 멋진 사람인지를 보여 주는 일이에요."

나는 오늘도 동네책방으로 책 사러 간다.

누가, 왜, 어떻게?

"하고 싶은 일을 나만의 방식으로 해보겠다는 마음,
취향을 공유할 공간을 찾으려는 마음이 모여
동네책방의 기폭제가 되었다.
책방이야말로 책과 사람을 연결하는 공간이라는 걸 깨우친 이들이
책방 탄생의 물결을 만들었다. 이들이 가장 중심에 둔 것은
다름아닌 바로 책이다. 사람이다."

"하고 싶은 일을 나만의 방식으로 해보겠다는 마음,
취향을 공유할 공간을 찾으려는 마음…
이 마음들이 동네책방 탄생의 기폭제"

"책은 안 팔리는데 왜 책방 창업이 붐일까요?"

2011년 '땡스북스'가 문을 연 이후 여기저기 새로 시작하는 책방들을 보며 만나는 책방 대표들께 거듭 던진 질문이다. 그 무렵 '유어마인드'의 이로 대표는 이런 말을 했다.

"저는 오히려 지금이 서점을 하기 딱 맞는 타이밍이라고 생각해요. 왜냐하면 보통 저희 같은 특수한 취향을 가진, 서울에 있는 천 명에서 천오백 명이 갈 곳이 마땅치가 않아서 그렇고요. 친구를 만나서 천만 영화를 보러 가고 싶지 않고 카페 베네에 가고 싶지 않고 대형 쇼핑몰을 돌면서 쇼핑을 하고 싶지 않은 … 그렇기 때문에 책 자체가 점점 더 비주류로 갈수록, 서점은 점점 더 그 비주류만의 피난 공간 역할을 할 수 있을 거라 봅니다"*

‘유어마인드’, ‘땡스북스’ 같은 초창기 동네책방의 탄생은 확실히 주류의 흐름과 다른 다양성에 대한 요구에서 시작했다. 획일적인 주류 문화를 비껴간 다양성에 대한 숨은 요구를 실감하려면 ‘땡스북스’가 문을 연 2011년의 서점업계 사정을 좀 살펴볼 필요가 있다.

2002년 ‘출판및인쇄진흥법’이 국회 본회의를 통과, 2003년부터 도서정가제가 시행되었다. 이 법은 5년 후인 2007년 ‘출판문화산업진흥법’으로 개정되고 다시 5년 후인 2014년에는 좀 더 강화된 개정 도서정가제가 시행되었다. 도서정가제가 법으로 존재하지만 빈틈을 노린 할인 판매가 기승을 부렸고 결과적으로 많은 책방이 문을 닫았기 때문이다. 다시 말해 2014년 이전, 그러니까 한층 강화된 개정 도서정가제가 시행되기 이전까지는 오랫동안 영업해오던 서점들도 문을 닫아야 할 때였지, 새롭게 책방을 창업할 때가 결코 아니었다. 예컨대 상수, 합정, 홍대 인근에서 일반 단행본을 살 수 있는 곳은 ‘홍익문고’밖에 없을 만큼 많은 오프라인 서점이 문을 닫던 시절이었다.

바로 이 시절, 2011년 ‘땡스북스’가 문을 열었다. 아무도 낙관하지 않았지만 문을 열자 독자들이 찾아왔다. 독자들은 다른 책방에서 만날 수 있는 베스트셀러가 아니라 ‘그곳’에서만 만날 수 있는 책과 색다른

---

* 『탐방서점』, 프로파간다 편집부, 프로파간다, 2016, p346.

책방 문화를 반겼다. '땡스북스' 이기섭 대표는 동네책방의 붐을 이렇게 진단했다.

"지금껏 우리 사회를 지탱해온 경제 제일주의와 성장 제일주의가 퇴색한 자리에 다양성에 대한 요구가 싹튼 것이다."

경제 성장이 둔화하자 그동안 열심히 일하면 모두 성공할 수 있다고 믿었던 집단적 신화가 무너졌다. 아무리 열심히 일해도 서울에 아파트 한 채 살 수 없다면, 아버지 세대처럼 샐러리맨의 신화 같은 걸 바랄 수 없다면 이제는 좀 다르게 살아도 되지 않을까, 어차피 성공할 수 없다면 좋아하는 일을 하는 게 낫지 않을까, 이런 마음이 과거와 달리 다양성을 꽃피우는 씨앗이 되었다. 동네책방이 단기간에 이토록 많이 생겨난 데는 과거와 달리 성공이나 돈을 위해서가 아니라 내가 하고 싶은 일을 나만의 방식으로 해보겠다는 사람들의 등장이라는 기폭제가 숨어 있다.

"책과 사람을 연결하는 공간, 책방
이 당연함을 깨우친 이들이 만든 책방 탄생의 물결"

동네책방이 붐을 이루며 새로 문을 연 책방 주인들은 이력이 다양하다. 출판·서점업계 종사자 출신이 아니라 전혀 다른 분야에 종사했던 이들이 하나둘 동네책방 주인으로 합류했다. 심지어 '셀럽'까지도 책방 주인으로 가세했다. 방송인 노홍철이 해방촌에 '철든책방'을 차렸고[*], 홍대 여신이라 불리는 가수 요조가 북촌 한옥마을에 약 23제곱미터(약 7평)짜리 '책방무사'를 열었다.[**] 김소영 아나운서가 합정역 인근 당인리발전소 근처에 문을 연 '책발전소'는 오픈 전부터 화제였다.[***] 그뿐만 아니다. 선릉역 근처 '북쎄즈'Book Says는 책방·카페·공연장·강연장을 합친 복합 문화공간을 표방하며 기업인 출신 이승환 회장이 문을 열었다. 그는 1997년부터 2014년까지 17년 동안 '홈플러스' 최고경영자를 지낸 국내 유통업계 최장수 CEO 출신이다. 선릉역 인근 '최인아책

---

[*] 2022년 3월 현재 '철든책방' 문을 닫은 뒤 시작한 후암동 '홍철책빵' 김해점 오픈을 예고했다.
[**] 2022년 현재 제주점과 서울점을 운영하고 있다.
[***] 2022년 현재 망원점과 광교점을 운영하고 있다.

방'도 만만치 않다. 최인아 대표는 삼성그룹 공채 출신 여성으로는 최초로 '제일기획' 부사장을 지냈다. 정치헌 공동대표 역시 '제일기획' 출신으로 현재 '디트라이브' 대표이기도 하다. '미스터리 유니온' 유수영 대표, '밤의서점' 남지영 공동대표도 광고계 출신이다. 구미에서 '삼일문고'를 운영하는 김기중 대표는 미 대륙 횡단 자전거 대회[RAAM·램] 솔로 부문에 출전했던 경력의 소유자다. 구로동의 질문책방 '인공위성'은 건축설계사 김영필 대표가 시작했다. 천문학자 이명현 씨를 대표로 하는 과학책방 '갈다'는 내로라하는 과학자와 일반인 110명이 주주로 참여했다. 문화적 마인드를 지닌 기업인들도 책방에 참여했다. 세계적인 옥 생산 기업인 '옥산가'의 김현식 대표는 춘천에 약 4,600제곱미터(약 1,400평) 규모의 책방 '데미안'*을 시작했다. 연남동 '스프링플레어'는 의료기기 전문 기업인 '유파인 메드'와 현대미술 갤러리 '바톤'이 공동으로 운영하는 책방이다. 앞다퉈 각계의 인물들이 책방을 차리고 나서자 미디어와 일반인의 주목이 이어졌다.

책방은 책과 사람을 연결하는 공간이다. 동네책방 전성기가 도래하기 전까지 이 당연한 사실을 깊게 고민하는 서점은 많지 않았다. 서점은 그냥 서점이었다. 광화문에는 '교보문고'가 있고, 신촌에는 '홍익

---

* '데미안'은 2021년 문을 닫았다.

문고'가 있다. 대구에는 '제일서적'이 있고, 구미에는 '춘양당서점'이 있다. 어느 지역에 위치하고 있다는 것 말고 그곳만이 가지고 있는 가치, 대표가 만들고 싶은 서점의 모습, 전문으로 삼고 있는 분야 등 뚜렷한 정체성이 도드라지게 드러난 곳을 찾기 힘들었다. 기억을 더듬어보면 1994년 홍대 근처에 문을 연 예술 전문 서점 '아티누스'artinus 정도가 떠오른다. 문을 닫은 지 이미 오래되었지만 미술, 디자인 등 시각예술 관련 외국 서적만을 전문으로 취급했던 이곳은 약 200제곱미터(약 60여 평) 규모의 고급스러운 분위기를 지녀 흡사 이국적인 카페와도 같았다. 도서출판 '정신세계사'가 운영하던 '정신세계'도 당시로서는 드문 일종의 전문 서점이었다. 명상 등 정신세계와 관련된 책을 취급했다. 약 132제곱미터(약 40여 평) 규모의 책방에 이름과 어울리는 차분한 명상음악이 흘렀다. 누구나 앉아서 책을 볼 수 있는 탁자도 있었다. 그렇지만 불과 얼마 전까지만 해도 이런 곳은 한 손으로도 꼽을 수 있을 만큼 매우 드물었다.

　다른 분야에서 일하다 동네책방 주인으로 직업을 바꾼 이들이 등장하며 책방은 달라졌다. 이들은 책만 가져다 파는 게 아니라 자신의 책방이 어떤 공간인지 설명하기 시작했다. 어쩌다 하는 게 아니라 자신이 왜 시작했고, 여기에서 무엇을 이루고 싶은지를 공간을 통해 분명하게 말하기 시작했다. 광고와 디자인 업계 등에서 일하다 창업한 이들일

수록 비전과 미션과 슬로건을 분명하게 정립하고 내보였다. 이런 곳에 들어서면 왜 책방을 하며, 어떻게 운영할 것이며 무엇을 도모할 것인지가 선명하게 드러난다. 이런 지향은 내부와 외부에 일관성 있게 반영되며 우리나라 책방 문화를 한 단계 업그레이드시키는 데 적잖은 영향을 미쳤다.

　'사적인 서점'의 정지혜 대표는 자신의 책『사적인 서점이지만 공공연하게』에서 책방을 시작하게 된 저간의 과정, 어떤 책방을 만들지에 대한 고민의 여정, 책 판매 이외에 무엇을 수익원으로 삼을지에 대한 고민까지를 솔직하게 담았다.* '사적인 서점'이 널리 알려진 건 단연 '북파머시'book pharmacy라는 콘셉트 덕이 크다. 북파머시는 책을 처방해준다는 뜻이다. '땡스북스'의 동료였던 연남동 '스프링플레어'의 최혜영 점장이 북파머시 콘셉트의 책방을 제안했다. 정지혜 씨는 팝업스토어를 열어 책을 처방하는 책방이 가능할지를 실험했고, 북파머시라는 책방을 설명하는 슬로건이나 운영 방식 등을 하나씩 만들어간다. '한 사람을 위한 책방'이라는 슬로건 아래, 일대일로 독자의 이야기를 듣고 맞는

---

* 홍대 인근에서 처음 시작한 '사적인 서점'은 2020년 '교보문고' 잠실점에서 숍인숍 형태로 운영하다가 지금은 마포구 성미산로 부근에서 운영하고 있다.

책을 골라주는 예약제로 운영을 시작했고, 책방의 가구며 인테리어도 이런 콘셉트 아래 일관되게 꾸몄다. '사적인 서점'의 씨앗을 심어준 최혜영 점장이 일하는 '스프링플레어'의 슬로건은 '일상예술책방'이다. 일상을 예술로 만드는 삶의 기술에 대해 이야기하는 책을 소개한다. 광고계에서 오래 일한 최인아, 정치헌 공동대표가 운영하는 '최인아책방'의 만듦새와 운영 방식은 특히 책방의 아이덴티티를 세심하게 모색한 흔적이 역력하다. '최인아책방'의 브랜드 콘셉트는 '생각의 숲을 이루다'이다. 이를 좀 더 풀어 설명하면 이렇다.

"생각이 중요한 시대다. 생각을 발전시키거나 향유하는 데 책은 아주 좋은 수단이다. 그래서 우리는 이 공간에 책이라는 나무를 심고 책을 이해하는 데 도움이 되는 강연과 여러 프로그램을 양분으로 제공한다. 그것이 어우러져 울창한 생각의 숲을 이루길 소망한다."*

이 말을 그대로 시각화해서 로고가 만들어졌고 슬로건이 탄생했다. '최인아책방'이 독자로 삼은 대상은 '광고 및 크리에이티브 영역에서 일하는 직장인'이다. 직장에서 참신한 아이디어를 끊임없이 요구 받

* 「최인아책방 정치헌 공동대표 인터뷰」, 『서울형 책방』, p370.

는 직장인에게 필요한 책은 무엇일까. 이 책방의 대표들은 베스트셀러나 자기계발서와 같이 유행에 민감한 책이 아니라 본질을 이야기하는 책이라고 생각했고 이 방식으로 서가를 구성했다. 책방에서 진행하는 프로그램도 이런 가치를 앞에 두고 만들어진다. 책을 읽는다는 것은 곧 생각을 한다는 뜻이니, '어떤 생각을 할지'에 대해 '그 책 그 저자 깊이 읽기' 같은 프로그램으로 답한다. 10~15명 정도의 소규모 독자와 해당 분야의 전문가가 참석해 어떤 생각을 하며 책을 읽어야 할지를 고민하는 책 읽기 프로그램이다. '어떻게 생각할지'에 대해서는 '아티스트 토크'에서 아티스트가 직접 자기 책을 설명하는 프로그램을 통해 제시한다. 독자는 생각을 결과물로 만들어내는 과정을 이 프로그램을 통해 공유할 수 있다. 이밖에도 '최인아책방'이 진행하는 프로그램들은 모두 '생각'에 초점을 맞췄다.

　이처럼 새롭게 생겨난 책방들은 자신이 어떤 책방을 하고 싶은지, 그 책방에서 무엇을 꿈꾸는지가 명확하다.

"바야흐로 동네책방 전성기, 당신의 책방은
당신만의 책방입니까? 그곳의 책은 특별합니까?"

홍대·합정·망원 지역만 한정해도 정말 많은 책방이 존재했고, 존재한다. 대형 체인 서점인 '교보문고'·'북스리브로'·'영풍문고'도 있고, 온라인 서점 '예스24'와 '알라딘' 중고서점도 있다. 출판사가 운영하던 '빨간책방', '노란우산'*도 있었고 김소영 아나운서가 운영하는 '책발전소'와 출판사 창비가 운영하는 책방도 있다. 문을 닫기도 하지만 새롭게 문을 여는 동네책방도 골목마다 꾸준하다. 그 수를 모두 세면 정말 놀라울 정도다. 바야흐로 동네책방 전성기라 할 만하다.

지역에서도 다르지 않다. 대전에서 '우분투북스'를 운영하는 이용주 대표는 "2016년 대전의 동네책방이 4개였다면 지금은 15개다"**라고 말한다. 좀처럼 변할 것 같지 않던 책방이 어느 순간 고루한 분위기를 벗어던지더니 순식간에 절정에 이른 셈이다.

그런데 오늘 우리 옆의 동네책방은 안녕한 걸까? 우려가 없지 않

* 2020년 현재, '빨간책방'과 '노란우산'은 모두 문을 닫았다.
** '동네서점 지도'에서 대전 지역을 검색하면 2022년 현재 22곳이 영업 중이다.

다. 이용주 대표는 지역의 규모에 비해 책방의 수가 늘어나면서 독자가 찾아갈 확률이나 재미는 감소했다고 지적한다. 변화가 빠른 한국 사회는 오래 고민하지 않고 재빨리 실행하는 특유의 에너지가 있지만, 오래가지 못한다는 인식이 뿌리 깊다. 한때 카페가 크게 유행하는가 싶더니 언젠가부터는 펜션이 붐인가 싶더니 곧 다른 업종이 유행하는 식이다. 붐처럼 이어지는 동네책방 탄생도 이러다 곧 열기가 식는 게 아닐까, 걱정된다. 이 열기가 거품이라면 머지않아 정리될 수밖에 없다. 하루가 멀다 하고 늘어나는 동네책방의 등장은 역설적으로 깊은 고민을 시작할 때라는 신호로 느껴진다.

동네책방 대표들에게 물어보면 대부분 애초에 책방이 큰 수익이 나지 않는다는 걸 알고 시작했다고들 말한다. 하지만 막상 해보면 생각했던 것보다도 훨씬 이문이 박하고 일이 많은 게 책방이라는 비즈니스다. 책을 파는 것만으로 이익이 보전되지 않으니 책방 간에 이해관계도 얽히고 유명세에 기대 잘되는 책방을 보면 상대적 박탈감에도 시달린다. 우리는 오랫동안 경쟁에서 이겨야 한다고, 그렇지 않다면 도태되고 말 거라는 치열함에 길들여져 왔다. 책방을 하면서도 이런 마음의 습관은 쉽게 사라지지 않는다. 지척에 '교보문고'와 '영풍문고'가 입점하자 바로 매출 감소를 경험한 '땡스북스'의 이기섭 대표는 그러나 이렇게 선을 긋는다.

"본질적으로 대형 서점이 동네책방과 대척점에 있지 않다."

동네책방은 대형 서점, 또는 특정 서점과 경쟁할 수 없고 경쟁해서도 안 되며 동네책방끼리 서로 공존할 수 있는 길을 찾아야 한다는 뜻으로 이해한다. 그렇다면 동네책방의 주인들, 또는 앞으로 동네책방의 주인이 되려는 꿈을 가진 이들은 스스로에게 이런 질문을 해야 할 때가 아닐까.

"동네책방은 어떻게, 왜 시작되었을까. 나는 왜 동네책방을 하고 싶었을까. (하고 싶을까.)"

동네책방은 다양성을 요구 받아 태어났다. 동네책방을 논할 때 우리는 흔히 얼마나 많은 동네책방이 새로 생겨났는가에 눈길을 먼저 보낸다. 그래야 할까? 지금 우리 곁에 얼마나 다양한 책방이 공존하고 있는가를 살피는 게 더 먼저다. 유명인이 책방을 열었다. 단박에 독자가 몰린다. 보고 있자니 마음이 괴롭다. 유명인이 아니라면 독자에게 사랑받는 책방을 만들지 못하는 걸까? 아닐 것이다. 책방 주인이 누구냐보다 더 중요한 건 '나의 책방'이 어떤 곳인지 한 줄로 설명할 수 있느냐 하는 것이다. 비주얼 전략가로 활동하는 이랑주는 『오래 가는 것들의 비밀』에서 한 번 봐도 잊히지 않는 존재감 있는 매장을 만드는 법을 이야기하면서 아주 작은 가게를 시작할 때도 "만약 천 개의 매장을 만든다면"이라는 가정으로부터 시작하라고 조언한다. 이런 식이다.

'만약 내가 약 33제곱미터(약 10평) 남짓한 작은 책방을 운영하는 게 아니라면? 이런 책방을 천 개쯤 만들어야 한다면?'

단 한 곳의 책방을 꾸리고 있는 지금처럼 준비하고 운영할 수는 없을 것이다. 책방 이름도, 로고도, 색깔도, 창문이나 테이블도 그때그때 내키는 대로 정할 수 없다. '스타벅스' 초록색, '베스킨라빈스' 분홍색은 고객들로 하여금 다시 가보고 싶은 기억을 갖도록 정교하게 선택한 결과물이다. 지금껏 가본 책방 중 상징색이 떠오르는 곳은 두 곳이다. '최인아책방'의 초록색과 '땡스북스'의 노란색. 기회가 닿을 때마다 나는 이 책방들을 자주 찾는다. 모든 것은 이유가 있고 특별해야 한다. 그렇게 생각을 한 번 확장하고 다시 내 앞에 주어진 작은 공간을 살피면 어떤 마음으로 책방을 운영하고 어떻게 독자들을 만나야 할지 고민이 저절로 깊어진다. '나의 책방'을 찾아온 독자들은 이곳을 어떻게 기억할까.

"홍대에서 합정으로, 외형의 변화를 선택한 '땡스북스', 이곳이 지켜낸 본질, 그것은 바로 책"

'땡스북스'는 동네책방의 시작점에 서 있는 곳이라는 의미만을 갖지 않는다. 동네책방끼리의 경쟁이 심화될 때 책방이 나아가야 할 방향이 무엇인지 말없이 말해준 곳이기도 하다. 홍대 주차장 거리에서 시작한 '땡스북스'는 2018년 5월, 기나긴 홍대 시절을 마감하고 합정역 인근으로 이전했다. 이기섭 대표는 입버릇처럼 이렇게 말하곤 했다.

"지금은 건물주의 호의로 주변 임대료보다 훨씬 좋은 조건으로 이곳에서 책방을 하고 있지만 언제라도 떠날 수 있다는 걸 생각한다."

떠날 때는 조용히 나가겠다고 좌중을 웃기곤 하던 '땡스북스'가 정말로 이전할 거라고 예상한 사람들은 거의 없었다. 하지만 이기섭 대표는 정말로 조용히 홍대 주차장 거리에 있던 책방의 짐을 싸서 한 달 만에 뚝딱 합정역 근처 서교동으로 이사를 했다. 이 책방은 출판사 영업자들 사이에서 의미 있는 매출이 발생하는 곳으로 손꼽혀 왔다. 다른 곳이 아무리 엄혹해도 그나마 나은 곳으로 여겨졌다. 하지만 홍대 인근

책방 지형도가 바뀌면서 사정이 달라졌다. 가까운 거리에 '알라딘' 중고서점이 들어서자 약 10퍼센트 정도 매출이 감소했다. '교보문고' 합정점이 생긴 뒤로는 40퍼센트까지 매출이 떨어지면서 곧장 적자로 이어졌다. 지금까지 잘해왔지만 이제 '다음'을 생각해야 하는 시기가 찾아온 것이다.

"책과 디자인을 중심으로 세계와 소통할 수 있는 콘텐츠를 만들어 다같이 성장하고 사회에 기여한다."

홈페이지에서 만날 수 있는 '땡스북스'의 목표다.

"오리지널이 된다. 즐거워야 한다. 감사하자."

역시 홈페이지에 밝혀둔 '땡스북스'의 정신이다. 고백하자면 이 문장을 읽고 적잖은 충격을 받았다. 심지어 메모장에 베껴 적기도 했다. 책방이 오리지널이 된다는 것은 무슨 뜻일까? '땡스북스'는 매출이 줄자 임대료가 저렴한 합정동 골목으로 이전했다. 책방 운영에는 변화가 있었다. 홍대 시절에는 음료를 팔았고, 문구와 음반도 취급했다. 처음에는 신생 온라인 가구회사 '바이헤이데이'^{BYHEYDEY}와 협업도 했다. '바이

헤이데이'로부터 의자, 테이블, 매대 등 가구를 제공받아 쇼룸 겸 판매도 대행했다. 2층 공간에서는 전시와 작가와의 만남 등 각종 행사도 진행했다.

합정역 인근 '땡스북스'는 홍대 시절을 기억하는 사람들에게는 좀 단출하다 싶을 만큼 심심하다. 창가 쪽에 간이의자 몇 개만 있을 뿐 안락한 소파도, 의자도, 테이블도 없다. 음료도 팔지 않는다. 행사도 매우 드물다. 대신 잠시 서서 책을 볼 수 있는 기다란 테이블이 책방을 가로질러 놓여 있다. 이렇게 긴 테이블을 놓을 거면 의자도 있어야 한다는 의견이 많았지만 이기섭 대표는 끝내 의자를 두지 않았다. 이유가 없을 리 없다. 책방은 오래 앉아 책을 읽는 카페가 아니다. '땡스북스'는 홍대와 합정역 인근 직장인, 주민 들이 오며가며 들러 10~15분 정도 잠시 머물며 책을 보는 곳이다. 딱 그만큼만 집중할 수 있으면 족하다. 서서 책을 보는 테이블은 '땡스북스'의 합정역 시대를 상징한다.

'땡스북스'가 홍대 주차장 거리에 문을 열 때만 해도 주변에 책방이 거의 없었다. 근처에서 갈 만한 곳은 신촌로터리 '홍익문고', 광화문 '교보문고'가 전부였다. 이제는 달라졌다. 주변에 수많은 책방이 있다. 대부분 안락한 의자에 앉아 책을 볼 수 있도록 친절한 편의를 제공한다. 하나같이 커피와 음료를 팔고, 작가와의 만남을 비롯한 다양한 강연 프로그램을 진행한다. '땡스북스'가 처음 시도했던 멀티숍 스타일의 책방은 어느덧 보편화되었다. 그러자 '땡스북스'는 '오리지널이 된다'는 정신을 되짚어 보았다. 이전을 계획하며 '땡스북스'에서 구태여 할 필요가 없는 것들을 하나씩 지워갔다. 음료와 의자가 사라졌다. 사라진 것은 그뿐만이 아니다. 서가에서 분야 인덱스도 없앴다. 가까이에 '교보문고'와 '영풍문고' 같은 대형 서점이 있다. 필요한 책을 사기 위해서라면 독자가 굳이 이곳을 찾을 이유가 없다. 동네책방에서는 우연히 책을 발견하는 기쁨을 맛볼 수 있다. 이 즐거움을 극대화하기로 했다. 평대와 벽면 서가의 배치를 통해 흐름을 만들어 독자가 책을 발견할 수 있도록 동선을 만들었다. 외형은 달라졌지만 본질은 지속된다. 이곳만의 큐레이션은 계속된다. '땡스북스 셀렉션', '땡스북스 금주의 책', '땡스북스 전시회' 등 책과 연계한 전시와 추천은 이 책방이 지닌 특별하고 믿음직한 매력이다.

이런 변화의 결과는 어떻게 나타났을까. 이전 후 상황은 긍정적이다. 오랜 단골과 주변 사람들이 걱정을 많이 했으나 이기섭 대표는 책에 집중한다는 목표를 세우고 순식간에 이전을 결정, 실행에 옮겼다. 당장 임대료가 반으로 줄었다. 음료를 포기하니 인건비가 줄었다. 책 매출은 줄지 않아 운영이 안정세로 돌아섰다.

우리는 생존이 우선이던 시절에서 다양성이 존중받는 시대로 진입하는 중이다. 그 이행의 과도기를 겪고 있는 셈이다. 개성과 다양성, 개인의 취향을 존중하려는 열정은 현실 앞에서 무력해지곤 한다. 큰 욕심을 내려놓고 개성 있는 큐레이션을 선보이며 문화 거점, 커뮤니티 공간을 꾸려나가겠다고 의욕적으로 책방을 시작하지만 막상 해보면 예상했던 것보다 수익은 훨씬 적고 노동의 강도는 상상 이상이다. 매출을 높이기 위해 커피나 음료를 판매하기 시작하고, 점점 다루는 상품의 종류가 다양해진다. 수많은 프로그램을 진행한다. 이런 일에 집중하노라면 책을 고르고 진열하는 데 소홀해진다. 이런 시간이 길어질수록 에너지는 고갈되고, 책방 주인은 지친다. 이러려고 책방을 했나, 하는 회의가 든다. 우리 곁의 수많은 동네책방 모습이다. 그렇다면 어떻게 해야 할까.

"무엇보다 그 책방에 또 가고 싶어야 한다. 재방문할 수 있는 이유를 만들어줘야 한다. 이것이 지속가능성의 시작이다."

역시 '땡스북스' 이기섭 대표의 말이다. 독자는 '교보문고'도 가고 '땡스북스'에도 간다. 그렇다면 '나의 책방'에 가고 싶은 이유는 무엇이어야 할까? 홍대 시절 '땡스북스'는 음료와 잡화를 팔긴 했지만 매출 비중이 20퍼센트 미만이었다. 강의와 전시 역시 철저하게 책과 연계해서 기획했다. 책방의 중심은 책이라는 생각 때문이었다.

생각해보면 한 권의 책은 전국 어느 책방에서나 똑같다. 어떤 곳에서도 같은 책을 살 수 있다. 하지만 독자들이 동네책방을 찾는 데는 이유가 있다. 대형 서점에서 만나지 못하는 즐거움을 누리러 온다. 그렇다면 책방은 그 기쁨을 느낄 수 있도록 해줘야 한다. 내 책방만의 책, 이곳에서 책을 통해 누리는 새로움을 전달하는 것이야말로 책방의 본질이 아닐까. 책방을 운영하는 데 정답은 없으나 스스로 질문은 던질 수 있다. 나는 왜 책방을 하는가, 내가 만들고 싶은 책방은 어떤 곳인가, 나의 책방에는 누가 오는가. 이 답을 찾아가노라면 나만의 책방, 한순간의 유행에 지나지 않는, 지속가능성이 있는 책방을 만나게 되지 않을까. 이를 '땡스북스'의 언어로 표현하면 이렇다.

"모든 책방은 저마다의 색깔이 있는 오리지널이 되어야 한다."

다양성이 중요해진 세상에서 어느 곳에도 없는 오리지널이 되는 것, 책방의 본질을 잃지 않는 것, 그것만이 책방을 오래 이어나가는 최선의 길이라면 어쩌면 동네책방을 한다는 건 어떤 삶을 살 것인가를 선택하는 일일 수도 있으며 결국 내가 누구인지를 드러내는 것일 수도 있겠다.

동네책방 존재 이유

"내가 좋아하는 것을 여기 모인 이들도 좋아한다.
지친 마음은 쉴 자리를 얻는다. 그곳에 누군가와
연결되기를 바라는 마음들이 모여든다. 책방은 이런 이들이
함께 모여 이루는 마음의 고향이다. 동네책방은 그런 곳이다.
우리 동네에 작은 책방이 있어야 하는 이유는 이것으로 충분하다."

"내가 좋아하는 것을 여기 모인 이들도 좋아한다.
지친 마음은 쉴 자리를 얻는다. 우리 동네에 작은 책방이
있어야 하는 이유는 이것으로 충분하다"

'스타벅스' 매장에 커뮤니티 보드가 있는 이유'

『아날로그의 반격』을 번역한 박상현 선생이 SNS에 이런 글을 올렸다. '스타벅스' 매장에 가면 음료를 마시고 난 후 잔을 두거나 쓰레기를 버리는 곳 위에 작은 게시판이 있다. 이것이 커뮤니티 보드다. 그런데 있어도 그만, 없어도 그만이다. 굳이 이걸 만들어 놓은 이유가 있긴 할 텐데 '스타벅스'는 왜 이런 걸 만들었을까. 박상현 선생은 로컬 카페를 흉내낸 것이라고 했다.

미국 드라마에는 동네마다 사람들이 차와 함께 가볍게 요기를 해결하는 참새 방앗간 같은 카페가 자주 나온다. 이런 카페에 커뮤니티 보드가 있다. 동네 사람들이 많이 드나드는 곳이니 길 잃은 반려동물을 찾는 사연부터, 중고품 매매까지 다양한 사연이 여기에 적힌다. '스타벅스'는 비록 대형 프랜차이즈 업체지만, 매장이 있는 지역에서 주민들과 밀착되어 운영하는 작은 카페를 흉내내고 싶어 커뮤니티 보드를 만

들었다는 게 박상현 선생 글의 요지다.

　문제는 형식은 가져올 수 있으나 내용은 베낄 수 없다는 것. '스타벅스'에서 지역 커뮤니티가 이루어지기 어려우니 커뮤니티 보드도 유명무실하다. '스타벅스'에 갈 때마다 이해할 수 없는 시스템이 또 있다. 음료를 주문하면 진동벨을 주지 않고, 준비된 이후에 고객의 닉네임이나 주문번호를 직원들이 큰소리로 외친다. 역시 지역에 뿌리내린 작은 커피숍 풍경을 베껴온 것이다. 동네 작은 카페는 단골들이 드나든다. 미국 드라마 〈길모어 걸스〉Gilmore Girls에 나오는, 커피 중독자 길모어는 루크의 카페 단골이다. 이 카페 주인 루크가 진동벨을 사용할 리 없다. 매일 오는 단골의 이름을 부르면 그만이다. 카페 주인이 바쁘면 손님들이 주방을 드나들며 직접 먹을 걸 챙길 정도로 가까우니 말이다.

　오랜 시간 한자리를 지키고 있는 지역의 오래된 가게들은 대형 프랜차이즈 업체가 어떻게 해서라도 베끼고 싶은, 존재 그 자체로 뿜어내는 힘이 있다. 비록 새 가게만의 최신식 인테리어, 번쩍이는 새 집기로 가득하지는 않지만 노포가 주는 안정감이 있다. 오랫동안 드나든 손님과 주인이 나누는 친밀감과 따뜻함이 있다. 잠깐 스쳐가는 뜨내기일지라도 지역에서 사랑받는 가게는 한눈에 알아볼 수 있다. 독자들과 활발한 커뮤니티가 이루어지는 동네책방 역시 그렇다.

　연남동 철길을 따라 만들어진 공원, '연트럴파크'를 따라 식당과 카페 등 많은 가게가 들어섰다. 젊은이들이 즐겨 찾는 이곳에 빠질 수 없는 것이 책방이다. 연남동 철길을 중심으로 동심원을 그리듯 '헬로인디북스', '서점, 리스본', '책방곱셈', '그림책방 곰곰', '사슴책방' 등이 있다. 해가 막 떨어져 어둠이 깔린 저녁, 공원을 산책하다 '서점, 리스본' 앞에 잠시 넋을 놓고 서 있을 때가 종종 있다. 독자와의 만남이라도 하고 있을 때면 옹기종기 모여 있는 사람들 모습이 책방 안 따뜻한 불빛과 함께 선연하다. 누구의 말에 저렇게 귀를 기울이고 있을까. 하루 일과를 마치고 집에 돌아가야 할 시간에 함께 모여 무슨 이야기를 나누고 있을까. 궁금증이 인다. 아니 신비롭기까지 하다. 그 앞에 못 박힌 듯 서서 한참을 바라본다. 불과 얼마 전까지 상상할 수 없던 풍경이다.

굳이 밀레니얼 세대를 들먹일 필요도 없이 부모와 자녀 세대 간극은 언제나 컸다. 부모 세대는 가족과 자녀를 위해 기꺼이 희생했다. 이런 부모의 모습을 지켜보며 어느덧 청년이 된 자녀 세대는 새로운 누군가와 함께 살기 위해 부모 세대와 같은 포기와 희생을 자신의 삶으로 받아들이는 대신 관계의 효율과 손익을 따지는 쪽을 주로 선택한다. 윗세대는 이들을 이해하기 쉽지 않다. 부모들은 자녀들이 충고나 도움의 손길을 애써 마다하고 까칠하고 서먹하게 대한다고 하소연이다. 직장 선배들은 후배들이 업무 지시나 관례적인 상하 관계의 익숙한 틀에 자주 의문을 제기하고, 함께 하자는 제안에 싫은 내색이 역력해 힘들다고 고

충을 토로한다. 나를 포함한 기성세대가 살아온 가치관으로 보자면 이기적이라고 탓할 수밖에 없다.

'새로운' 세대 가운데 많은 이가 '상하 관계 또는 참견과 경쟁의 관계'를 처음부터 거절한다. 그들 눈에 그런 식의 관계 맺기는 대부분 희생을 요구하는, 퍽이나 번거로운 관계가 되기 쉬우니 매력적일 리 없다. 감정적으로 '끈적한' 기존 공동체 안에 들어가기보다 다른 공동체에서 새로운 관계를 맺는 쪽을 훨씬 더 선호한다. 이를 테면 이런 방식이다.

"나를 침범하지 않고, 즐거움을 해치지 않고, 새로운 경험을 하게 하는 느슨한 공동체, 이 시대가 적극적으로 찾아 나서는 공동체의 모습이다. 퇴근 후 어딘가에 은밀하게 모인다는 뜻이 아니다. 기존의 공동체가 아닌 다른 공동체에서 다른 관계를 구축해간다는 뜻이다."*

혈연, 지연, 학연 또는 직장 공동체에 평생 묶여 살았던 기성의 세대는 점점 스러지고 새로운 공동체가 이미 등장했다. 여러 인연으로 끈적하게 맺은 관계를 당연하게 받아들이며 살아온 이들은 이해하기 어렵겠지만 새로운 공동체는 이미 자연스럽다. 이 공동체를 만드는 데 빠

* 『2020 트렌드 노트』, 염한결 외, 북스톤, 2019.

질 수 없는 게 취향이다. '서점, 리스본'의 미니 콘서트, 원데이 클래스, 북토크, 독서 클럽에 모이는 이들 역시 이 취향 공동체의 일원이다.

주위를 둘러보면 무언가를 배우고 나누는 학습 공동체가 이미 많다. 체계적이고 전문적인 배움의 세계를 지향하는 '수유너머', '감이당', '대안연구공동체', '다중지성의정원'은 이미 익숙한 이름이다. 독서모임이라는 키워드로 검색하면 수많은 모임을 찾을 수 있다. 성공적인 비즈니스 모델로 자리잡은 독서모임 '트레바리'도 이 가운데 하나다. 독서모임이 비즈니스로 성공했다고? '트레바리'를 이끄는 윤수영 대표는 그 이유를 이렇게 밝힌 바 있다.

"독서는 개인적 경험이고 독서모임은 사회적 경험이에요. 독서는 내가 읽고 싶은 책을 읽는다면 독서모임에서는 혼자라면 읽지 않았을 책을 읽을 확률이 더 높죠. 독서모임을 통해 이전에 미처 이해하지 못했던 타인의 생각이나 자신의 무관심 영역에 대해 깨닫게 되는 계기를 만들 수 있어요."*

'트레바리'가 책을 중심에 두고 있긴 하지만 성공의 요인이 책은

* 『위클리공감』, 이근화, 2018. 3. 11 .

아니다. 책을 기반으로 비슷한 관심사를 지닌 사람들이 만나 서로 이야기를 나누는 새로운 공동체를 구축하는 게 더 큰 매력이다.

다시 '서점, 리스본' 앞이다. 큰길가에 있는 중·대형 서점이 아니라 골목 안쪽에 숨어 있는 동네책방을 찾아가는 이들은 이곳에서 무엇을 기대하는 걸까. 원하는 건 많겠지만 자신과 비슷한 사람들이 모이는 공간이라는 안도감을 빼놓을 수 없다. 내가 좋아하는 것을 여기 모인 이들도 좋아한다. 혼자인 나는 이들과 함께 좋아하는 걸 공유하는 '우리'가 된다. 경쟁도 없고, 불필요한 간섭도 없다. 지친 마음은 쉴 자리를 얻는다. 동네책방 작은 모임을 찾아오는 사람들이 찾는 건 이런 게 아닐까. 우리 동네에 작은 책방이 있어야 하는 이유는 이것만으로도 충분하다.

●

"퇴근 후 갈 곳 없던 사람들이 새로 생긴 아지트,
'완도살롱'에서 새로운 관계를 맺는다"

서울을 떠나 낯선 곳에 갈 때면 지도 애플리케이션에 의지해서 그곳의 책방을 찾곤 한다. 어느 지역이든 동네책방을 찾아 잠시 앉아 있노라면 저절로 이런 생각이 든다.

　'대체 이 외진 곳에서 책방을 하는 이들은 누구일까. 이런 책방에는 누가 찾아올까?'

　도시와 지역을 이분법적으로 나누는 건 조심스럽지만, 아무래도 인구가 많은 대도시에서는 책방이 아니어도 나와 비슷한 관심사를 지닌 사람들의 모임에 참여할 기회가 상대적으로 많다. 그렇지만 지역의 작은 도시라면 사정이 다르다. 다양한 문화적 경험을 나눌 기회나 취향을 공유할 커뮤니티가 상대적으로 드물다. 그렇다고 집과 직장이 아닌 곳, 경쟁과 의무적인 관계가 아닌, 오로지 좋아하는 것을 공유할 수 있는, 나아가 누군가에게도 미처 말하지 못한 속내를 편히 터놓을 수 있는 장소와 사람이 필요하지 않을 리 없다. 낯선 길을 따라 찾아간 지역의 동네책방들은 대부분 그런 이들의 그런 장소가 되어주고 있었다.

　어느날 SNS에서 '완도살롱'을 만났다. 살롱이라니, 처음에는 술집인가 싶었는데 책방이었다. 완도에 새로 생긴 책방이었다. 보자마자 든 생각은 이거였다.

　'완도같이 외진 곳에서도 책방이 가능할까?'

'완도살롱' 이종인 대표는 완도 출신이 아니다. 서울살이가 싫어진 그가 마침 완도에 있던 고향 친구를 찾았고, 그 친구 집에서 한 달여를 지내며 이곳의 20~40대가 시간을 보낼 곳이 마땅치 않다는 걸 알게 되었다. 완도는 전복이나 김 등의 수산물로 유명한, 우리나라에서 여덟 번째로 큰 섬이다. 인구 5만여 명이 거주한다. 경제 활동이 비교적 활발한 이곳에서 일하는 젊은이들도 많다. 하지만 밤 9시가 되면 섬 전체는 불이 꺼진다. 상점과 주점이 문을 닫아 젊은이들은 갈 곳이 없다. 지역에서의 관계망은 대도시보다 훨씬 더 촘촘하다. 한 사람 건너면 다 아는 사람이다. 불편한 점이 아무래도 많다. 이종인 대표가 보기에 완도는 '20~40대가 지내기에는 다소 심심하고 불편'한 곳이었다. 그런 탓에 이곳 사람들은 주말이면 볼거리, 즐길 거리를 찾아 광주, 목포, 여수 등으로 나가는 게 일상이었다. 이 점에 착안해 탄생한 것이 책방 '완도살롱'이다. 원래 이 자리에는 완도에서 하나밖에 없던 서점이 있었고, 최근까지만 해도 '국제문구' 자리였다.

이름에서 알 수 있듯이 '완도살롱'에서는 술과 칵테일도 즐길 수 있다. 책방이기도 하지만 칵테일바이기도 하다. 이곳의 정체가 무엇인가는 중요하지 않다. 그보다는 완도 젊은이들의 사교클럽 역할을 하고 있다는 사실이 훨씬 더 중요하다. 이야기를 들어보니 완도에는 생각보다 훨씬 다양한 젊은이가 살고 있었다. 고향은 아니지만 완도에 완전히 이주해 지역민이 된 사람, 완도에 온 지 얼마 안 된 이종인 대표 같은 이 방인, 완도에서 나고 자라 가업을 이어받은 토박이, 발령을 받아 온 공무원과 교직원, 여기에 미국인 원어민 영어 교사도 있다. 이들 모두가 함께 어울리는 공간이 '완도살롱'이다. 책을 좋아하지만 책에 관해 이야기를 나눌 친구가 없던 사람들, 문화적으로 알 수 없는 허기를 느껴온 사람들, 취미를 공유하고 싶던 이들, 퇴근 후 갈 곳 없던 사람들이 새로 생긴 아지트, '완도살롱'에서 새로운 관계를 맺는다.

●

"버스에서 내려 '완벽한 날들'에 짐을 푼다.
느긋하게 음미하듯 나만의 속초를 즐길 수 있다"

나에게 속초는 바다보다는 아름다운 책방이 있는 곳이다. '문우당서림'이 있고 '동아서점'이 있다. 그리고 '완벽한 날들'이 있고, '칠성조선소' 안에 그림책 전문 책방 '동그란책'이 있다.

'완벽한 날들'은 동네책방을 떠올리면 우리 마음에 자동으로 그려지는 이미지를 눈앞에 완벽하게 그려낸 듯한 곳이다. 아무 생각 없이 떠나고 싶은 날이 있다. 사는 게 힘이 들면 나는 이곳을 떠올린다. 속초

시외버스터미널 바로 뒤 주택가 골목 안에 숨어 있는 듯 자리잡은, 하얗게 회벽칠을 한 건물, 그곳에서 만난 바닷가 햇살, 인근의 설악산, 영랑호와 송지호가 연달아 떠오른다. 생각만으로 위안이 된다는 말의 뜻을 알게 된다.

'완벽한 날들' 주인장 최윤복, 하지민 부부는 서울에 살다가 2017년 남편 최윤복 대표의 고향인 속초에 정착하기로 마음먹고 내려와 책방을 꾸렸다. 학교를 다니고 직장 생활을 하느라 고향을 떠났던 그가 책이 중심이 되는 공간을 직접 만들어볼 마음을 먹고 가족과 함께 고향으로 돌아온 것이다. 그가 모델로 삼은 곳은 대학원 재학 시절 자주 들르던 경복궁역 인근 '길담서원'이다. 최윤복 대표는 비슷한 세계관과 뜻을 지닌 사람들이 함께 모여 영화를 보고, 음악을 듣고, 작가와 이야기를 나누는 문화연대 공간에 대한 갈망이 있었다. 청소년 운동을 해오던 하지민 씨 역시 가족 구성원이 함께 누릴 수 있는 공간을 만들고 싶어 했다. 두 사람은 하고 싶은 일을 할 수 있는 공간을 구상했고, 그 중심에 책을 두었다. 여기에 더해 최윤복 대표는 관광지로 알려진 속초에서 조금은 다른 여행을 꿈꾸는 이들을 위해 책방이라는 공간에서 할 수 있는 일을 도모했다.

그 이전까지 속초를 찾는 여행자들의 동선은 거의 비슷했다. 서둘러 바다를 보고, '중앙시장'에서 닭강정을 맛보고, 대포항에서 회를 먹느라 분주하다. 하지만 최윤복 대표가 꾸린 '완벽한 날들' 덕분에 우리는 새로운 속초를 즐길 수 있게 되었다. 버스에서 내려 '완벽한 날들'에 짐을 풀고 조용히 책을 읽고, 골목길을 산책한다. 호수에서 부는 바람을 느끼고, 쨍한 바닷가의 하늘을 보며 고요히 하루를 누린다. 분주하고 붐비는 속초 대신 느긋하게 음미하듯 이곳을 만날 수 있다. 여행지에서 획일적인 소비만 하고 떠나는 것이 아니라 여행자 스스로 완벽한 시간과 공간을 만들며 나만의 여행을 즐길 수 있다. 최윤복 대표가 이곳에 꾸린 북스테이가 한몫을 한다. '완벽한 날들'은 1층은 책방이고 2층은 게스트하우스다. 온다간다 말도 없이 이곳에 숨어들듯 머물다 책만 읽다 돌아가도 좋다. 책만큼 공을 들인 책방 곳곳의 식물들, 책방 벽과 창가에 숨은그림찾기 하듯 새겨놓은 글들, 넓은 창문에서 쏟아지는 햇살, 맛있는 커피, 이 모든 것들이 책방 안에서 조화롭다. 여행자들에게만 그럴까. 갈수록 빨라지는 디지털 시대, 끝이 없는 자본주의의 속도전으로 세상은 분주하지만 책방에 들어서면 고요하고 정갈한 마음이 또다른 마음을 만날 수 있다. '완벽한 날들'은 이런 마음을 간직한 사람들이 모여 커뮤니티를 이루는 곳이다. 속초에 가면 '완벽한 날들'이 있다.

"친구가 간절한 이들이 '코너스툴'로 모여들었다.
매일 밤 이야기꽃을 피운다. 동네책방은 그런 곳이다."

지하철 1호선 소요산행을 타고 가면 지행역이 나온다. 두 정거장을 더
가면 보산역, 또 한 정거장 더 가면 동두천이다. 보산역 주변은 흔히 기
지촌이라고 불렸던, 미군 부대가 주둔했던 곳이다. 동두천 인근은 서울
에서 출퇴근이 가능한 수도권이긴 하지만 북한과 가깝다 보니 이렇다
할 문화시설도 없고, 공장이나 기업도 거의 들어오지 않아 여전히 군사
도시의 모습에 가깝다.

　지행역에 내리면 술집과 식당과 오락실로 뒤덮인 상가 건물이 보
인다. 상가촌을 지나면 아파트가 이어질 뿐 아무것도 없다. 여기 어디
에 책방이 있을까 싶다. 그런데 있다. 동네책방 '코너스툴'이 있다.*

　'코너스툴' 김성은 대표는 젊다. 잠깐 쉬고 싶어 회사를 그만뒀는
데 뜻하지 않게 집 근처 책방 주인이 되었다. 스물여덟 살의 일이다. 책
방을 막 시작하고 난 뒤 SNS에 이런 글을 남겼다.

＊　'코너스툴'은 2021년 3월에 문을 닫았다.

"새로이 이사를 와 친구 한 명 없는 동네에서 느낀 결핍감이 컸습니다. 이곳에서 맥주를 나눠 마시고, 책이나 영화를 함께 볼 사람들을 만들어갈 수 있으리라는 희망을 품어봅니다."

동두천은 서울에 비해 집값이 저렴하다. 전형적인 베드타운 역할을 한다. 이곳에 거주지를 마련하고 아침마다 지하철을 타고 일을 하러 나가는 젊은 부부나 청년이 많다. 밥을 먹고 잠을 자는 것 말고 집 근처에서 딱히 할 일이 없다. 하지만 당연하게도 다양한 사람이 산다. 퇴사 후 시간 여유가 생긴 전직 직장인, 몇 년에 한 번씩 근무지를 옮겨 지역 연고가 없는 직업 군인, 가방에 시집을 넣고 다니는 여군, 남편을 따라온 군인의 아내, 동두천에 이사를 왔지만 갈 곳 없는 사람, 친구들이 모두 떠난 동두천 토박이 들이 이곳에 산다. 이들이 늘 하던 것 말고 다른 걸 즐기고 싶다면 어디로 가야 할까. 듣고 싶은 강연이 있다면 서울까지 갈 수도 있다. 동두천에서 마음먹고 홍대 인근으로 가려면 적어도 왕복 서너 시간이 필요하다. 일상적으로 다니기에는 멀다. 문화적으로 갈증을 느끼던 이들, 관심사를 공유하며 이야기를 나눌 친구가 간절한 이들이 '코너스툴'로 알음알음 모여들었다. 매일 밤 독서모임을 하고, 필사를 하고, 글을 쓰고, 인디자인을 배우고, 그림을 그리고, 영화를 보며 이야기꽃을 피운다.

"우린 홍대 안 부러워. '코너스툴' 없으면 무슨 재미로 살아."

단골들이 하는 말이다. 비행기 옆 좌석에 앉은 사람과 깊은 속내를 나누거나, 낯선 여행지의 술집에서 만난 사람에게 상처를 털어놓는 장면은 소설이나 영화에 종종 등장한다. 이해관계로 얽히지 않았기에 가장 가까운 사람에게도 말하지 못한 나의 속내를 솔직하게 털어놓을 수 있다. 우연히 만났을 뿐 익숙한 일상 속에서는 만날 일 없는 타인이기 때문이다. 김성은 대표가 단골들에게 농담 삼아 이렇게 청한다.

"장사가 안 되니 친구들 좀 데려와요!"

돌아오는 대답은 뜻밖이다.

"싫어요. 여기는 내가 아는 사람들이 몰랐으면 좋겠어요, 절대 말안 할래요."

동네책방을 일부러 찾는 이들도 어쩌면 직장이나 조직 안에서 깊은 관계를 만들고 싶지 않은 사람들일 수 있다. 솔직하게 속내를 꺼냈다가 약점을 잡히지나 않을까 불안할 수도 있다. 책을 좋아하는 이들이라면 더 외로움을 느낄 때가 많을 것이다. 책을 좋아하고, 자신이 읽은 책에 대해 이야기를 나눌 사람을 일상에서 만나기는 얼마나 어려운가. 책 한 권 가슴에 품고 있는 사람들, 속 깊은 대화에 목이 마른 사람들, 품고 있는 이야기를 고즈넉하게 나눌 곳이 필요한 사람들. 이들이 걱정 없이 지친 마음을 내려놓을 공간이 필요하다. 골목마다 한쪽에 조용히 자리를 잡은 동네책방이 바로 그런 곳이다. 동두천에도, 연남동에도, 속초에도, 완도에도 그런 책방이 있다. 그곳에 누군가와 연결되기를 바라는 마음들이 모여든다. 책방은 이런 이들이 함께 모여 이루는 마음의 고향이다. 동네책방은 그런 곳이다.

04

책방으로
먹고 살 수
있을까?

"우리에게도 책이 무섭게 팔리던 시절이 있었다.
지금은 아니다. 이미 책은 올드 미디어 취급을 받고 있다.
골목마다 자리잡았던 책방들이 하나둘 사라지고 있다.
정성껏 골라놓은 책을 사진만 찍고
정작 온라인 서점에서 산다면 책방은 어떻게 될까?
한 권의 책은 어디서 사나 똑같지만 정말 똑같은 걸까?"

"다음달 월세를 낼 수 있을까, 책방을 계속 유지할 수 있을까?
이런 불안이 차곡차곡 쌓여 마음을 갉아먹는다"

동네책방 창업이 들불처럼 퍼져 나갔지만 또 다른 한쪽에서는 속절없이 문을 닫는다. 제법 유명세를 얻었던 책방이라고 사정이 다를 리 없다. 2018년 순천의 한 책방에 다녀왔다. 모 출판사 마케터를 통해 기획력이 있는 곳이란 귀띔을 들었고 2016년에 문을 열었으니 바야흐로 3년 차에 접어들었던 때라 마음이 동했다. 뜨거운 열정만으로 가득한 새내기 동네책방이 아니니 치열한 고민을 통해 뭔가 자신만의 이야기를 만들어 냈기를 기대했다. 결론을 말하자면 돌아오는 내내 마음이 무거웠다. 마치 3년차 직장인의 고민을 듣고 온 듯했다.

"이 일을 계속하는 게 옳을까, 정말 이 일은 나의 적성에 맞는 걸까. 지금이라도 다른 일을 시작하는 것이 낫지 않을까?"

책방에서 만난 그곳의 대표는 복잡한 마음을 숨기지 않았다. 얼마 뒤 책방 문을 닫았다는 소식을 들었다.

연애로 치면 가슴 두근거리는 첫 만남의 시간이 동네책방 주인들에게도 있다. 자본주의 사회에서 추구하는 이익과는 거리가 먼 까닭에 책방에 스스로 이상적인 이미지와 의미를 더욱 더 강력하게 부여하는 건지도 모른다. '사적인 서점' 정지혜 대표도 이렇게 고백했다.

"아침에 출근해서 식물에 물을 주고 방향제를 켜고 음악이 낮게 깔리는 하루의 시작이 더없이 즐겁다."

하지만 들인 노력에 비해 돌아오는 것이 적은 날이 반복된다. 시간은 이 설렘을 짜증으로, 열정을 피곤으로, 두근거림을 불안함으로 바꾸어 놓는다. 어깨에 힘이 빠질 정도로 지치게 하는 날도 일상다반사다. 이들을 지치게 하는 건 무엇일까. '불광문고' 최낙범 대표는 이렇게 돌려 말한다.

"어느 동네나 소외된 분들이 있다. 그런 분들이 돌아가면서 책방에 온다. 그래도 문구보다 책방 쪽 손님들이 낫다."

책방에는 주로 책을 좋아하는 사람들이 온다지만 그래도 불특정 다수를 상대하는 일은 고단하다. 낯선 사람이 다짜고짜 들어와 이런 말을 하고 간다고 생각해보자.

"책방을 해서 먹고는 사느냐?"

"책방에 있는 책은 다 읽었느냐?"

이런 말을 들을 때마다 책방 주인들은 반복적으로 상처를 입는다. 제주도에서 책방 '소리소문'을 운영하는 정도선 대표가 이런 속내를 들려준 적도 있다.

"서점 일이라는 게 어려운 점이 많습니다. 서비스직이기에 오전, 오후 근무를 번갈아 해야 하고, 주말에 쉴 수 있는 날이 한 달에 두세 번 정도밖에 되지 않고, 가끔 인성이 엉망인 손님을 상대하는 일도 있죠. 마음을 짓누르는 감정노동으로 술 한 잔 하지 않으면 안 되는 그런 날들도 있고요. 그리고 무거운 책을 수시로 나르는 중노동일 때도 있어요. 드라마와 영화에서 보이는 것처럼 우아하게 책을 진열한다든지, 쉬는 시간이면 좋아하는 책을 마음껏 볼 수 있다는 건 환상일 수도 있어요. 어찌 보면 책을 좋아한다면 서점 일을 하기보다는 그냥 독자가 되는 것이 정답일 수도 있어요."*

---

* 『어서오세요, 오늘의 동네서점』, 땡스북스+퍼니플랜, 알마, 2016.

정말일까 싶은 황당한 일도 있다.

"『난중일기』 저자는 왜 신간을 내지 않는 거요?"
"제가 책을 사서 읽고 난 후 다시 가져오면 다른 책으로 교환 가능한가요?"

천연덕스럽게 묻는 손님 앞에서 책방 주인은 어떤 표정을 지어야 할까. 책 이름을 살짝 바꿔 『나미야 백화점의 기적』이나 『아프리카 청춘이다』를 찾아달라는 손님은 귀여운 축에 속한다.

앞서 언급한 순천의 책방 대표는 책방 주인이기 이전에 역사학을 전공한 저자이자 번역가로 일했다. 그런 그가 관심사인 한국전쟁, 제주 4·3 등 굵직굵직한 현대사의 사건과 사회적 이슈를 주제로 서가를 구성하는 것은 얼핏 자연스러워 보인다. 실제로 그는 그런 분야의 책을 큐레이션 하길 즐겼다. 하지만 이 책방을 찾는 독자들은 이런 주제에 그다지 관심이 없었다. 책을 너무 좋아하는 사람이 책방을 할 경우 만나게 되는 장벽이다. 정도선 대표 말처럼 책방은 책보다 사람을 더 좋아하는 이들에게 적합한 일일지도 모른다. 2016년 8월에 책방 문을 연이래 그 어렵다는 자영업 3년 고비를 넘기고 2022년 만 5년을 넘긴 뒤이제 6년 차에 접어든 '최인아책방' 최인아 대표 역시 초기에 이런 어려움을 토로한 바 있다.

"책 판매는 쉽지 않았다. 책방을 하는 나조차 스마트폰을 들여다
보는 시간이 자꾸 늘고 사람들은 점점 더 책을 사지 않는다. (…) 책방을
해보니 이 일이 얼마나 '가내 수공업'인지를 알겠는 거다. 매번 새로 기
획해야 하고 어느 것 하나 기계로 대신할 수 있는 것이 없다. 거의 다 사
람 손이 가야 한다. 하긴 그 맛과 경험 때문에 사람들이 동네책방을 찾
는 것일 테다. 디지털이 기본이 된 세상에서 '리얼 싱'real thing·진짜, 휴먼
터치를 찾아서 말이다. 문제는 이 일이 참으로 많은 노력과 시간, 체력
을 요구한다는 것이다."*

'최인아책방'은 직원이라도 있다. 혼자서 운영하는 동네책방 주
인은 업무의 하중이 높을 뿐 아니라 불안이 영혼을 잠식한다. 자영업
은 직장인처럼 정해진 날에 정해진 급여를 받지 않는다. 수입이 들쑥날
쑥하다. 어제는 책이 잘 팔렸지만 오늘은 하루 종일 단 한 권도 못 팔 수
있다. 책을 못 파는 것은 물론이고 손님 한 사람도 못 만나고 문을 닫는
날도 많다. 매일이 노심초사다. 일희일비하지 말라는 말은 쉽지만 막상

---

* 「최인아, 교집합을 찾아서!」, 『동아일보』, 2019. 11. 2.

해보면 이 불안함이 눈을 멀게 한다.

　시작할 때부터 주목을 받은, 운이 좋은 편에 속한 '사적인 서점' 정지혜 대표조차도 책방 문을 연 지 9개월여가 된 시점이 가장 뼈저리게 힘이 들었다고 고백한다. 남들이 보기에는 잘 되는 것 같은데 매출이 들쑥날쑥해서 늘 다음달 월세를 낼 수 있을까 전전긍긍했다. 정해진 근무시간이 없는 대신 하루 종일 일을 하고 그도 모자라 주말에도 일했다. 회사 다닐 때보다 일하는 시간은 곱절 이상 늘었지만, 버는 돈은 직장에 다닐 때의 반의반이다. 이 감정이 차곡차곡 쌓여 마음을 갉아먹는다. 이게 어디 정지혜 대표만의 고민일까.

　요즘 동네책방은 대부분 커피나 음료를 팔고, 다양한 굿즈를 책 옆에 둔다. 이런저런 행사나 프로그램을 얼마나 다양하게 꾸리는가도 관건이다. 책에만 기댈 수 없으니 그렇다. 그런데 이렇게 한두 가지 일이 늘어나기 시작하면 연달아 챙겨야 할 일이 산더미다. 혼자로는 힘에 부친다. 이런 일에 신경을 쓰다 보면 책방에서 오히려 책이 소외된다. 책방에 오는 독자들은 이 차이를 귀신같이 안다. 매대와 서가가 정체되면 독자들은 가차 없이 떠난다. 결국 '두 마리 토끼를 모두 놓치는 순간'과 마주한다. 그러면 찾아오는 게 있다. 바로 회의다.

　'책이 좋아서 책방을 시작했는데 돈 되는 일을 찾아다닐 바에야

나는 무엇 때문에 책방을 했나? 나의 본업은 무엇일까.'

책방 주인인 누군가 이런 생각을 하고 있다면 그가 지쳐가고 있다는 신호다.

●

"이미 책은 올드 미디어 취급을 받고 있다.
세계 주요 도시 골목마다 자리잡았던 책방들이
하나둘 사라지고 있다"

책이 귀했던 시절이 있다. 문학 작품에서 이 시절 사람들을 만날 때가 있다. 『바르톨로메는 개가 아니다』의 주인공이 그랬다. 난쟁이 꼽추 바르톨로메는 자신을 아무짝에도 쓸모없는 존재로 여겼다. 글을 배우면 미래가 생긴다는 형의 말을 듣고 그는 수사에게 간청하여 읽기를 배운다. 글을 배우고 책을 읽을 수 있게 되자 태어나 눈을 뜬 아가처럼 새로운 세상을 만난다. 책을 읽고 알아가는 황홀경에 빠져든다. 잠자는 시간이 아까워 어서 아침이 되어 다시 글을 읽을 수 있기를 간절히 바란다. 스승처럼 자기만의 책을 갖고 싶어 한다. 이 말을 들은 엄마는 깜짝

놀라며 책은 아무나 가질 수 없는 것이라고 잘라 말한다. 지금이야 책이 흔해 빠졌지만 그가 살았던 펠리페 4세 치하[1621~1665]에서 책은 귀하고 성스러운 것이었다.

반대로 레이 브래드버리의 『화씨 451』처럼 책이 사라진 시대를 그린 소설을 만날 때도 있다. 미래 사회에서는 책을 갖고 있기만 해도 '방화수'들이 출동해 책을 불태운다. 그런데 왜 책이 사라진 걸까, 왜 책을 불태우는 걸까. 대중이 원하는 대로 영화, 잡지 그리고 책들이 점점 더 단순해졌고 요약하고 압축하기에 바빴다. 고전 작품을 15분짜리 단막극으로, 다시 2분짜리 안내글로, 결국에는 열 줄로 요약했다. 그러다 아무도 책을 읽지 않게 되었다. 레이 브래드버리가 상상한 그곳에서 사람들은 '똑같은 생각을 하는 인간으로 길들여졌고, 그것이 행복이라고' 믿게 된다. 작가는 책을 읽지 않는 모습을 통해 생각이 휘발된 미래 사회에 대해 경고하고 있다.

구텐베르크가 1450년 마인츠에서 성서를 인쇄한 이후에도 책이 대중에게 보편화되기까지는 시간이 필요했다. 책이 귀할수록 사람들은 바르톨로메처럼 간절하게 책을 읽고 싶어 했다. 20세기에 접어들면서 대중 출판은 전성기를 누렸다. 우리나라 역시 해방 이후 1990년대 출판유통이 다변화되기 전까지는 출판도 서점도 모두 '좋은 시절'을 누렸다. 하지만 누구라도 지금을 '좋은 시절'이라고 말할 수는 없다. 마치

전 세계 어디나 '방화수 몬태그'가 사는 시대로 이행하는 과도기 같다.

　　이미 책은 올드 미디어 취급을 받고 있다. 그런 책을 둘러싼 업계 분위기는 예전 같지 않다. 조금이라도 진지해 보이는 책은 어느 나라나 1천 부 이상 팔기가 쉽지 않은 지 오래 되었다. 책의 역사가로 유명한 로버트 단턴 역시 대개의 대학출판부에서 출간하는 책은 주로 600부 이하로 판매된다고 말한 적이 있다.[*] 전문 분야 책의 초판 부수가 독일에서는 1천 부 이하, 프랑스에서는 800부 이하가 된 지도 한참 전이다. 제작 부수가 이렇게 적은 것은 책을 읽는 독자가 줄었기 때문이다. 이렇게 책을 읽는 독자가 감소하고 있으니 책방의 사정은 물을 필요도 없다. 우리나라는 물론이고 책방의 나라로 여겨온 일본, 다양한 책을 출간하는 미국에서까지 골목마다 자리잡았던 책방들이 하나둘 사라지고 있다.

[*] 『구텐베르크 은하계의 행방』, 츠노 카이타로 지음, 한기호·박지연 옮김, 한국출판마케팅연구소, 2002.

"우리에게도 책이 무섭게 팔리던 시절이 있었다.
하지만 지금은 아니다. 무엇이 책방을 어렵게 하는가!"

혜화동 로터리에는 1953년 문을 연 '동양서림'이 있다. 우리 현실에서
드문 일이라 '서울미래유산'으로 지정되기까지 했다. 창업자는 이순경
여사다. 한국 사학계를 대표하는 이병도 박사의 맏딸이자 장욱진 화백
의 부인이다. 이순경 여사가 책방을 하게 된 계기는 한마디로 먹고살기
위해서였다. 화가의 아내로 살자니 생계를 위해 뭔가를 해야 했는데 서
점을 하면 돈을 벌면서도 사회에 도움을 줄 수 있는 일이라 여겨 시작했
다. 해방 후 모두 절대 빈곤에 시달리던 시절이다. '동양서림'뿐 아니라
그 시절 대부분의 서점은 생계 수단이었다. 호구지책으로 시작했다지
만 '동양서림'은 1964년부터 인근 학교의 교과서 공급권을 따내며 호
황을 누렸다. 지금의 '동양서림' 건물을 매입할 수 있을 만큼 사세를 확
장했다. 2대 사장은 최주보 씨다. 열일곱 나이에 '전쟁이 끝나고 서울
에 올라왔는데 먹고 살 방법이 없어' 우연히 점원으로 들어갔다가 대표
가 된 사례다.

　　신촌 '홍익문고' 창업자 박인철 씨도 1957년부터 신촌 일대에서
책 노점을 하다 1978년 지금의 위치에 서점을 차렸다. 운도 좋았고 무

엇보다 부지런히 일한 덕에 건물을 매입할 수 있었다.

1980년대 전후에는 곳곳에 사회과학 서점이 많았다. 주로 대학가 앞에 있었는데, 사회주의 몰락 이후 많이 사라졌지만 중·대형 서점으로 성장한 경우도 있다. 서울에 아직 남아 있는 대학가 앞의 사회과학 서점으로는 1985년 성균관대학교 근처에 문을 연 '풀무질'이 있다. 진주의 '진주문고'는 1986년 사회과학을 전문으로 하는 '개척서림'으로 시작했다. 이후 '책마을'이란 상호를 거쳐 1992년부터 '진주문고'라는 이름으로 이어오고 있다. 수원 '경기서적'은 1979년 창업자 황군자 씨가 수원역 지하상가에서 약 6제곱미터(약 2평) 공간의 사회과학 서점으로 시작했다. 운동권 학생들이 부탁한 금서들을 보관해준 인연이 서점으로 이어졌다. 이후 지상으로 옮겨 4층 건물 전체를 서점으로 운영하다 수원역에 민자 역사가 들어설 무렵 천천동으로 이전했다.

이제는 기억하는 이도 없지만 1990년대까지 이적표현물을 판매한다는 죄로 서점 주인이 조사를 받고 구치소에 수감 되는 사례도 빈번했다. 오늘날 종합 출판사로 변신에 성공했거나 혹은 변화를 따라가지 못해 역사 속으로 사라진 곳들도 있긴 하지만 당시 '사계절', '청년사', '실천문학', '이론과실천' 등 사회과학 출판사들이 시도했던 출판 운동은 그 시절 서점들과 궤를 같이했다. 출판과 함께 서점은 사회 변혁 운동의 중심축이었다. 모두 책이 무섭게 팔리던 시절의 이야기다.

이렇게 옛날이야기를 한참 늘어놓은 데는 이유가 있다. 서점이 호황을 누리던 시절은 이미 모두 지났다. 굳이 출판·서점업계 종사자가 아니더라도 책이 팔리지 않는다거나 책방이 어렵다는 사실을 모르는 사람은 없다. 좀 더 구체적으로 말하자면 작은 책방에서 책을 판매해 발생하는 수익만으로는 한 가족의 생활비를 감당하기 힘들다는 걸 굳이 묻지 않아도 짐작이 가능하다. 순천의 그 책방이 문을 닫은 결정적 이유 역시 책방을 운영해서 한 가족의 생계를 책임질 수 없기 때문이었다. 부부는 책방을 하며 다른 일을 병행했는데 아내가 육아에 바빠지자 책방에 집중할 시간이 부족했고 결국 문을 닫기로 결정했다. 책방도 분명히 자영업의 하나인데, 영업을 해서 먹고 살 수 없다면 그 비즈니스는 존립할 수 없다. 우리나라 자영업이 대부분이 어렵다지만 책방이 이렇게 어려운 이유는 좀 더 복잡하다. 독서인구가 줄어들고 있다는 것 외에 여러 이유로 수익률에 원천적인 한계가 있을 수밖에 없는 구조다. 출판 유통 시스템에도 문제가 있고, 문화적 자영업인 책방이 갖는 근본적인 한계 때문이기도 하다.

"정성껏 골라놓은 책을 사진만 찍고
정작 온라인 서점에서 산다면 책방은 어떻게 될까?
한 권의 책은 어디서 사나 똑같지만 정말 똑같은 걸까?"

다양한 동네책방이 생겨나자 연일 미디어에서 개성 있는 동네책방을 조명했다. JTBC에서는 영화배우 장동건을 내세운 다큐멘터리 〈백 투 더 북스〉를, EBS에서는 소설가 백영옥이 책방을 탐방하는 〈발견의 기쁨, 동네책방〉 같은 프로그램을 제작했다. 지역에서 작은 책방을 운영하는 남자 주인공을 내세운 〈날씨가 좋으면 찾아가겠어요〉 같은 드라마도 만들어졌다. 신문이나 잡지 등에서 다뤄진 것은 셀 수 없을 정도다.

식당이나 카페 같은 곳이 이처럼 미디어의 주목을 받았다면 아마 그곳은 엄청난 성공을 거뒀을 것이다. 요리 프로그램에서 백종원 대표가 다녀간 곳은 줄 서지 않고는 음식을 먹을 수 없을 만큼 문전성시를 이루지 않던가. 하지만 책방은 다르다. 해방촌 '고요서사' 차경희 대표는 이렇게 솔직히 털어놓았다.

"나름 영향력 있는 매체에 보도되면 반응이 곧 오지 않을까 싶은 기대를 품은 적도 있지만, 대부분 무반응에 가까운 것을 경험한 이후에는 언론 보도를 그저 책방의 요즘 모습을 기록하는 정도로만 의미를 두고 있다. 영향력이 없다고 해서 의미까지 없진 않으니까."*

대학로 '책방이음'의 전신은 '이음아트'다. 문화공간이자 책방으로 언론으로부터 많은 주목을 받았지만 결국 재정난 등의 어려움으로 문을 닫았다. 이 책방의 단골이었던 조진석 대표가 '이음아트'를 인수해 '책방이음'을 시작했다. 가까이에서 '이음아트'가 망해가는 모습을 지켜본 그는 동네책방은 결코 낭만으로 할 수 있는 일이 아니라고 강조한다.** 책방 운영에도 손익계산과 사업계획이 필요하다. 책방에 투여할 자본과 고정비와 월세를 고민해야 한다. 물론 책방을 하는 이유야 저마다 다를 수 있다. 하지만 책방을 해보면 공통적으로 만만치 않다는 걸 금세 깨닫게 된다. 2015년 일산 백석동에 '미스터 버티고'라는 약 66제곱미터(약 20여 평) 규모의 동네책방이 생겼다. 신현훈 대표는 책방 이름의 연원을 물으면 이렇게 답하곤 했다.

---

* 『책방산책-서울』, 서울도서관, 서울책방, 2017.
** '책방이음'은 대학로를 떠나 새로운 형태의 책방을 모색하고 있다.

책방으로 먹고 살 수 있을까?

"폴 오스터의 소설 『미스터 버티고』에서 따왔는데, '좀 버텨보자' 는 중의적 의미도 담겨 있다."

'버티고'라는 이름에서부터 동네책방의 현실이 연상되니 애잔한 마음이 든다. 그는 한 출판 잡지에 기고한 글에서 이렇게 말하기도 했다.

"특색 있는 동네책방은 2015~2016년 가히 폭발적으로 늘고 있 다. 개정 도서정가제가 2014년 11월에 시행되었으니, 시기적으로 딱 맞아떨어지는 걸 보면, 개정 도서정가제가 가장 큰 영향을 끼친 게 아 닌가 싶다. 구간 무한 할인 경쟁에서 전 도서 10퍼센트 할인에 5퍼센트 적립으로 가격 할인이 묶이면서, 이 정도면 그래도 대형 온라인 서점과 경쟁할 수 있지 않겠느냐는 판단에서 많이들 시작한 것 같다. 내가 책 방을 열 수 있었던 가장 큰 이유도 바로 도서정가제 시행이었다."[*]

도서의 직접 할인을 강제적으로 규제한 개정 도서정가제가 동네 책방 탄생의 붐에 중요하게 작용했음을 시사하는 대목이기도 하다. 신 대표는 '미스터 버티고'에서 책 판매 이외 별도 수익원도 모색했다. 실

---

[*] 「열Go 버티Go 지속하Go」, 신현훈, 『기획회의』 423호.

제로 2015년 무렵 생겨난 많은 동네책방이 음료와 잡화를 판매한 홍대 '땡스북스'나 맥주를 팔고 행사도 하는 일본의 'B&B' 모델에서 영향을 받았다. 별도의 수익원이 되어줄 다양한 아이디어로 무장한 책방들이 생겨났다. 신 대표 역시 이렇게 낙관했다.

"그냥 책만 파는 게 아니라 커피와 맥주도 팔면 임대료와 인건비야 나오지 않을까?"

책방을 오픈하고 1년 8개월이 지난 시기 그는 이렇게 털어놓았다.

"인건비 뽑기가 녹록지 않다. 2016년 5월에는 200만 원을 벌기도 했지만 메르스 사태가 벌어진 2015년 6월에는 순수익이 8만 원이었으며 평균 한 달의 순이익은 100여 만 원 정도였다."

'미스터 버티고'는 문학 큐레이션의 모범을 보여준 곳이란 평가를 받았다. 특색 있는 띠지 마케팅도 화제였고 일산 지역에 사는 소설가 은희경이 자청해서 한 달에 한 번 낭독회를 한 곳으로도 유명하다. 여러 지면과 방송에 소개되었지만 그렇다고 책방 운용이 나아졌냐고 하면 그렇지는 않다. 책방을 운영해 일반적 수준의 인건비를 버는 것조차 쉽지 않았다. 어려움은 여기서 끝나지 않았다. 인근에 '교보문고' 일산점이 문을 연 이후 매출 하락이 이어졌다. 책방을 지속할 수 있을지 심각하게 고민한 신 대표는 의외의 선택을 했다. 2018년 백석동 와이시티 인근 쇼핑몰 '벨라시타'로 이전했다. 과거 '미스터 버티고'는 약 66제곱미터(약 20평) 정도 되는 작은 책방이었다. 이 정도가 동네책방의 평균 규모다. 쇼핑몰로 이사한 후 매장 면적은 세 배나 늘어 약 200제곱미터(약 60여 평) 규모로 확장되었다. 신 대표의 선택에는 이유가 있었다.

2014~2015년 사이에 생겨난 동네책방의 특징 중 하나가 책방 주인의 큐레이션이다. 작은 공간 안에 물리적으로 많은 책을 보유할 수도 없거니와 대부분 책을 좋아하는 주인이 자신의 취향으로 고른 소수의 책으로 독자를 만나는 방식을 택했기 때문이다. 이렇게 한정된 책을 큐레이션하는 방식은 새롭게 생겨난 동네책방의 특징이자 참신한 매력이었다. 그러나 사업이라는 측면에서 본다면 이는 동네책방의 한계이기도 하다. 소량의 책을 구비할 수밖에 없기에 고객도 한정적이고 매출 규모도 작을 수밖에 없다. '미스터 버티고'는 이왕 책방을 시작했다면 살아남기로 결정한 듯 보인다. 방법론으로 택한 것이 규모를 늘려 매출의 한계를 극복하는 것이다. 쇼핑몰로 이전한 후 그는 이렇게 말했다.

"예전 단골 중에 이곳을 찾는 분들은 거의 없다."

큐레이션을 주력으로 해온 동네책방과 다양한 분야의 책으로 구색을 갖춘 중·소형 서점의 포지셔닝이 얼마나 다른지를 직접적으로 보여주는 사례가 아닐 수 없다. 한 권의 책은 어디서 사나 똑같은 책이다. 한 권의 책을 온라인 서점에서 사든 중고서점에서 사든 동네책방에서 사든 똑같은 물성과 내용을 지닌다. 동네책방을 찾은 독자가 구경은 책방에서 하고 구입은 온라인 서점에서 한다고 해서 책이 달라지는 것도 아니다. 독자에게는 아무런 지장이 없고 도리어 온라인 서점에서 사면 더 많은 혜택을 받을 수 있다.

책이 아니라면 어떨까. 대개의 다른 소비재, 예를 들어 커피나 음식 혹은 의류나 신발을 판매하는 매장을 찾아가 맛보고 입어보는 일은 구매와 대부분 바로 연결되는 행위다. 그러나 책은 경험과 구매가 이원화된다. 독자는 동네책방이라는 공간과 책을 자유롭게 경험하고 구매는 다른 곳에서 할 수 있다. '땡스북스' 이기섭 대표 역시 이렇게 지적한다.

"이 공간이 나한테 건네준 '경험'이라는 값을 책을 구입하는 식의 소비로 순환해주면 좋은데, 아직은 시간이 필요하다고 본다. 새로운 책방들을 찾아다니며 책을 즐긴다기보다 SNS에 인증만 남기는 사람들도 많다."*

동네책방이 늘어나자 사진을 찍어 SNS에 올리는 책방 순례자들이 늘었다. 여행지의 동네책방은 꼭 가봐야 할 곳으로 여겨진다. 여행지에서 책방에 들러 여행의 추억을 일깨워줄 한 권의 책을 사는 일이라면 더없이 반갑다. 하지만 경포대나 순천만의 사진을 찍듯 책방에 왔음을 인증하는 사진만 찍고 그냥 가는 사람들도 많다. 많은 책방이 이제 사진 촬영을 금지하기도 하고, 제주도 '소리소문'처럼 촬영은 구매 후에 해달라는 안내를 적어두기도 하지만 수시로 찍어올리는 인증샷을 막기는 어렵고, 그만큼 책 판매는 이어지지 않는다. 미국이나 유럽의 지역 책방에서도 독자들의 '쇼루밍'showrooming을 어떻게 극복할 것인가는 큰 화두다. 지역 점포의 책 추천이나 안내 등의 서비스를 받기만 하고 정작 책은 조금 더 싼 온라인 서점에서 구매하는 행위는 책방 주인을 가장 힘들게 하는 일이다.

* 『책방산책-서울』, 서울도서관, 서울책방, 2017.

"동네책방을 하고 싶다면 부업으로 시작하는 건 어떨까.
책방을 라이프 워크로 여기면 조금은 덜 어렵지 않을까?"

동네책방을 운영해서 과연 먹고 살 수 있는가라는 질문은 그러므로 답이 궁색하다. 하지만 소규모 자본을 투자한 동네책방이 지속가능한 몇 가지 유형을 어떻게든 제시하고 싶다. 당신이 만약 동네책방을 시작한다면 나는 이런 말을 건네고 싶다.

"생활비는 본업에서 벌고 동네책방은 부업이자 자기계발이자 즐거움으로 하겠다고 생각하자."

책방 주인이 지닌 전문성이 확실하다면 책방을 운영하며 생각지도 못한 시너지 효과 혹은 새로운 부가가치를 창출할 수도 있다. '땡스북스' 이기섭 대표는 원래 그래픽 디자이너로 브랜딩과 출판 편집 디자인 일을 했다. 아모레퍼시픽의 라네즈, 마몽드, 미장센 같은 브랜드를 개선하고 패키지 만드는 브랜딩 프로젝트와 기업 홍보물을 주로 만들었다. 이 대표가 홍대 앞 '더 갤러리'의 리브랜딩을 진행하며 건물 1층에 있는 갤러리 카페를 책방으로 바꿀 것을 권했다가 직접 책방을 하게 되었다는 건 널리 알려진 사실이다. 흥미로운 건 그 다음이다. '땡스북스'를 시작하고 6개월 후에 이기섭 대표는 동명의 디자인 스튜디오를 시작했다. 그러자 책방에 책을 입고하던 출판사들이 디자인 스튜디오 '땡스북스'의 클라이언트가 되었다. 동네책방으로 자리를 잡자 책과 관련 있는 다양한 프로젝트를 맡기 시작했고 점점 더 행동반경이 넓어졌다. 본업인 북디자인이나 그래픽 디자인과 관련된 일만이 아니라 지금까지 해보지 못한 작은 도서관 등을 만드는 프로젝트로도 영역을 넓힐 수 있는 계기가 마련되었다. 2016년에는 새로운 로컬문화를 제안하는 디자인 스튜디오 '로컬앤드(thelocaland.com)'를 시작했다. 문화체육관광부의 의뢰를 받아 연평도에 군부대를 위한 도서관을 만들거나 양양에 청소년들을 위한 '책 놀이 공간 따띠'를 만드는 프로젝트도 진행했다. 책을 선정하는 일에서부터 공간 기획과 네이밍까지를 전부 포괄했다. '땡스북스'를 시작할 때 이기섭 대표는 훗날 이런 일을 하게 될 거라 예상했을까? 그의 전문성인 디자인과 책방이 만나 새로운 기회가 만들어진 사례다.

'봄날의책방'은 통영에 있다. 정은영 대표는 2011년 통영에 내려와 2012년 출판사 '남해의봄날'을 시작하고 난 후 2014년 이 책방의 문을 열었다. 출판사에 이어 책방을 낸 이유는 소박했다.

"혹시 책방이 책을 계속해서 낼 수 있는 수익원이 되어주지 않을까?"

하지만 뜻밖에도 지역 책방과 출판이라는 두 가지 분야가 만나며 새로운 부가가치가 생겨났다. 지역의 기업이나 문화예술가들을 돕는 B2B 프로젝트나 책방 컨설팅과 리모델링 프로젝트 등을 맡게 되었다. 그뿐만 아니라 출판사에서 출간한 책들은 전국 동네책방의 전폭적 지지를 받는다. 정 대표는 책방을 시작하기 전 기자와 광고기획자로 경력을 쌓았고 콘텐츠 회사를 운영한 경험이 있다. 자신의 전문성과 책방을 조화롭게 접목한 경우다.

언론에 많이 알려진 '땡스북스', '봄날의책방', '책방이음' 등에는 책방을 하고 싶다는 사람들이 종종 찾아와 자문을 구한다. '봄날의책방'에는 아름다운 바닷가 마을에 있는 그림 같은 책방이라는 이미지가 있다. 언젠가 정 대표에게 책을 무척 좋아한다는 변호사가 찾아왔다. 그는 스트레스에 시달리다 못해 지역에서 책방을 하고 싶다며 조언을 구했다. 그에게 정 대표는 어떤 조언을 했을까.

"서초동 사무실을 책방으로 바꾸고, 책방을 운영하는 변호사로 살면 화제가 되고 변호사 일도 더 잘될 겁니다."

전문성을 포기하는 대신 책방에 그 전문성을 보태라는 현실적인 충고다. 이기섭 대표나 정은영 대표의 사례는 몇 가지 시사점을 던진다. 책방을 시작하려는 사람은 지금껏 자신이 쌓아온 전문성을 최대한 살려야 한다. 새로 시작하려는 책방과 최대한 접목해서 고유한 경쟁력을 만들어야 한다. 그래야만 책 판매를 통한 수익과는 별도의 부가가치와 시너지 혹은 즐거움을 얻을 수 있다. 혹은 책과 연결되어 의외의 사업 아이디어가 나올 수도 있다.

　　사업으로까지 확장하지 않고 단순하게 일과 책방을 병행할 수도 있다. 연희동 '밤의서점'은 고등학교 동창인 김미정, 남지영 대표가 함께 운영한다. 김미정 대표는 출판사 편집자로, 남지영 대표는 광고회사에서 AE로 오래 일했다. 김미정 대표가 출판사를 그만두고 번역에 집중하며 책방 창업을 꿈꾸자 소울메이트인 남지영 대표가 의기투합했다. 두 사람은 돌아가며 책방을 지킬 뿐 아니라 오후 5시부터 책방 문을 연다. 낮에는 자신의 전문 분야 일을 하고, 각자 밤에만 책방을 지킨다. 『앞으로의 책방 독본』에서 우치누마 신타로는 이렇게 권한다.

　　'아예 과거의 책방 개념을 버리고 부업으로 책방에 접근하라.'

　　낮에 일하는 본업을 버리지 말고 지속할 것, 책방은 다만 즐기기 위해 곁들이는 방식이다. 그는 책방을 즐기면서 평생 하는 일, 다시 말해 '라이프 워크'로 명명했다. 책방을 라이프 워크로 정의하면 과거의 모습을 답습한 전형적 책방이 아니라 생각지도 못했던 스타일과 운영 방식 등 새로운 아이디어와 기획이 솟아난다.

책방을 부업, 말하자면 사이드잡으로 접근하면 많은 가능성이 열리는 건 사실이다. 예를 들어 육아 때문에 경력 단절이 불가피했던 여성이 다시 사회적 활동을 시작하는 방법이 될 수도 있다. 처음부터 '경단녀'가 될 거라고 생각하는 여성은 없다. 하지만 우리 사회에서 육아와 일을 양립하는 건 거의 불가능에 가깝다. 다른 자영업과 달리 동네책방은 라이프 워크로 접근이 가능하고 실제로 이런 방식으로 운영되는 책방이 있다.

김포 원도심에서 '꿈틀책방'을 운영하는 이숙희 대표는 경력 단절 여성이 어떻게 책방과 만날 수 있는지를 잘 보여준다. 이 대표는 결혼 후 남편을 따라 미국에서 3년여를 지냈다. 돌아와 보니 서울의 아파트 값은 천정부지로 올라가 있었다. 출퇴근이 가능하고 집값이 저렴한 김포에 자리를 잡았지만 아무 연고가 없었다. 그러다 미국의 도서관과 책방에서 아이들과 함께 즐겼던 그림책이 떠올랐고 영어 그림책으로 영어공부를 하면 어떨까 싶어 김포1동 주민센터에서 엄마들을 위한 영어 그림책 수업을 시작했다. 엄마들을 위한 수업은 아이들로, 다시 영어회화 수업으로 가지를 쳤다. 떠밀리듯 이사 온 김포, 아는 사람 하나 없는 김포였는데 어느새 영어 그림책 공부를 같이 하는 엄마들, 그림책 공부를 함께 하는 '어린이도서연구회' 김포 회원들, 그림책 읽기 봉사를 했던 김포서초등학교, 김포초등학교, 중봉도서관에서 만난 엄마들과 허물없는 사이가 되었다. 함께 영어 그림책 공부를 했던 사람들과 인문고전 독서 토론을 하는 '엄마의 서재'도 결성했다. 결국 2016년 7월, 봉화로 163번길 10에 함께 읽고 이야기를 나누는 모임 공간이자 책방이기도 한 '꿈틀책방'의 문을 열었다. 이 책방의 영업 시간은 매일 오전 10시부터 오후 6시까지다. 엄마로서 주부로서 책방에 투자할 수 있는 시간을 먼저 계산하고 그 시간을 중심으로 책방을 운영한다. 오후 4시가 지나면 학교 수업을 마친 이 대표의 아이들이 책방으로 온다. 아이들의 방과 후 거점이 책방인 셈이다. 아이들은 조용히 책을 읽기도 하고 잠시 머물다 태권도나 피아노를 배우러 가기도 한다. 하루의 모든 일정을 마치고 아이들이 돌아오면 이 대표도 책방을 마무리하고 함께 집으로 간다.

자신의 전공과 관심을 살려 책방을 하는 여성들은 또 있다. 그림책을 좋아하는 이들에게 널리 알려진 책방 '박쥐'와 '디퍼런트북숍'이다. 구리시 아치울 마을에 있는 '박쥐'는 이민영 대표가 운영한다.* 이 대표는 아이 셋을 키우는 엄마이자 프리랜서 번역가다. 아이 셋을 키우며 출퇴근 시간이 정해진 직장에 다니는 건 불가능하지만 책방은 가능하다. 우선 아이 셋을 학교와 유치원에 데려다주고 데려오기 편한 집 근처에 책방 문을 열었다. 영업 시간은 육아 일정에 맞추었다. 화요일에서 금요일까지, 아이들이 유치원과 학교에 있는 오후 1~5시 사이에 문을 연다. 공간이 협소하다는 단점은 주제를 정해 그림책을 전시하는 큐레이션으로 극복했다. 번역가라는 경력을 살려 영어 그림책 전시 판매뿐 아니라 영어 그림책 읽어주기 프로그램도 진행한다.

석촌호수 옆 '디퍼런트북숍'도 월요일에서 토요일, 오전 11~오후 4시까지 운영한다. 양혜진 대표가 두 아들을 키우고 있어 육아 일정에 맞춘 영업 시간이다. 양 대표는 '주니어네이버'에서 8년간 아이들을 위한 서비스 기획을 했다. 2018년 12월 문을 연 책방에는 자신의 전문성과 관심사가 두루 반영되었다. 과학을 전공했고 남자 아이들을 키우고 있기에 책방에서 다루는 분야도 '클래식 픽처 북스', '남자아이들이 좋아할 만한 책'favorite books for boy, '과학과 자연 분야의 책'science&nature이다.

김포 '꿈틀책방' 이숙희 대표는 책방을 하고 싶은 엄마들에게 이렇게 조언한다.

---

* 이민영 대표는 2021년 12월 '박쥐' 시즌 1의 운영을 마감하고, 2022년 하반기 제주도에서 시즌 2를 시작할 예정이다.

"자신이 사는 지역에서 경력과 네트워크를 쌓을 것. 처음은 소박하게 주민센터, 도서관, 학교 등에서 재능기부를 하며 차근차근 경험을 쌓을 것. 만약 책방을 한다면 올 수 있는 사람이 누구인지를 손꼽아 볼 것."

여기까지 생각했는데 자신이 있다면 책방을 시작해도 좋다.

●

"어떤 모습의 책방이든 그저 그 자리에서 원하는 대로 오래 문을 열고 독자들을 기쁘게 만날 수 있기를 응원한다"

지금까지 살핀 곳들은 자신의 일을 한다는 의미는 있으나 전적으로 생계를 꾸려간다고 할 수는 없다. 만약 책방을 해서 한 가족의 생계를 책임져야 하는 경우라면 접근을 달리 해야 한다. 책방의 모습도 달리 생각해야 한다. 반드시 카페 같은 분위기에 큐레이션한 책들을 갖출 필요는 없다. 굳이 참고서와 베스트셀러를 팔지 않는 책방을 고집할 필요도 없다. 책방의 성격이나 운영 방식은 얼마든지 다양할 수 있으며, 자신의 조건과 상황에 맞게 할 수 있는 책방을 꾸리면 된다.

오히려 머리로 떠올리는 동네책방 같은 방식으로는 가족의 생계를 책임질 수 없다고 보는 편이 현실적이다. 규모가 협소하고 적은 종수의 책을 큐레이션하여 판매하니 수익도 적을 수밖에 없다. 그보다는 다양한 책을 구비하고 참고서 판매를 겸할 수 있는 적당한 규모를 고려하는 게 현실적이다.

새로 생긴 동네책방의 운영 방식만 너도나도 치켜세우다 보니 과거부터 존재했던 전통적인 서점은 낡은 것으로 여기는 경향이 있다. 반드시 참고서를 팔지 않아야 개성 있는 책방이 되는 건 아니다. 참고서나 베스트셀러를 파느냐 혹은 팔지 않느냐가 중요한 것이 아니라 지역과 주인의 사정에 따라 다양한 책방이 있을 따름이다. 다만 참고서 판매가 수동적인 일로 여겨질 수는 있다. '불광문고' 최낙범 대표의 이야기를 참고할 필요는 있다.

"참고서는 공급받은 책을 그냥 팔기만 하면 되는 일이라 책방의 차별성을 발휘할 여지가 없고 서점인으로 매대를 구성하거나 편집력을 발휘하는 재미는 없다."

물론 참고서부터 인문서까지 고른 구색을 갖추었지만 책방의 색깔도 분명한 곳이 있다. 2015년 12월 신도시로 개발된 호매실 지구, 아파트가 즐비한 신도심 상가 2층에 자리잡은 수원 '경기서적' 호매실점이다. 속초의 '동아서점'이나 '문우당서림'처럼 선국규, 이유리 부부가 대를 이어 운영한다. 이전까지 이 지역에는 서점이 단 한 곳도 없었다.

'경기서적' 호매실점에서는 당연히 참고서를 살 수 있다. 인근에 칠보중·고등학교와 중촌초등학교가 있어 주민들이 가장 많이 찾는 것이 참고서다. EBS 교재 여파로 참고서 시장이 타격을 받았지만 그래도 '경기서적' 천천점이나 호매실점 매출의 절반은 참고서로부터 나온다. 그렇다고 참고서와 잡지 판매에만 안주하거나 치중하지 않았다. 약 133제곱미터(약 40평) 규모의 공간에는 참고서와 어린이 책, 인문서와 건강서까지 지역 주민들에게 필요한 다양한 책이 있다. 젊은 부부들이 많이 사는 동네 특성을 살려 어린이 책과 30대 여성이 좋아하는 소설과 에세이도 골고루 진열되어 있다. 엄마 고객들은 참고서를 먼저 산 후 어린이 책이나 자신이 읽을 단행본을 고르기 때문이다. 이곳은 요즘 동네책방과는 다른 방식으로 공간을 꾸미는 법을 보여준다. 젊은 부부가 시작했으니 공간에 돈을 쓰고도 싶었을 텐데 이전 가게였던 찜닭집 인테리어를 최대한 살려 투자 비용을 최소화했다. 하지만 곳곳에는 부부의 관심사를 반영한 주제별 큐레이션이 있다. 사회적 이슈를 반영하는 책이나 이유리 씨가 손글씨로 쓴 정감 있는 책 안내글, 아기자기한 소품이 어우러져 있다.

주로 방문하는 독자층이 누구냐에 따라 분야별 매출 비중은 편차가 있다. 충주 '책이있는글터'는 참고서 비중이 약 25퍼센트 정도를 차지한다. 비슷한 규모의 다른 서점보다 상대적으로 그 비중이 낮다. 어린이 책은 15퍼센트, 인문서가 10퍼센트의 비율이다.* 그렇다면 수익은 어디에서 나는 걸까. 지역 납품이 전체 매출의 50퍼센트 정도다. 참고서 매출이 낮다는 '책이있는글터'도 이런 걸 보면 지역 서점 매출의 양대 축은 납품과 참고서라 해도 과언이 아니다.

　주택가에 자리잡은 중형 서점은 보통 참고서 매출이 40~50퍼센트 정도 나온다. 인근에 초중고등학교가 있을 경우 가장 필요한 것은 참고서와 어린이 책이며 아무래도 문학과 인문서의 매출 비중은 낮을 수밖에 없다. 전 '불광문고' 최낙범 대표의 상세한 설명은 매출 흐름을 이해하는 데 도움이 된다.

　"참고서의 경우 공급률이 75퍼센트 정도로 높은 편이라 10퍼센트 할인을 하고 나면 책방 마진율이 15퍼센트 정도로 낮다. 그러니 책방에서 참고서 판매가 높다고 마냥 좋은 게 아니라, 참고서가 전체 매출의 35~40퍼센트 정도를 유지하는 것이 가장 바람직한 적정 비율이다. 안정적으로 유지될 수 있도록 기본 매출이 참고서에서 나오고 나머지 매

* 「대화와 공존과 평화의 공간」, 장은수, 『기획회의』 438호.

출은 일반 단행본 판매에서 이뤄진다면 더없이 이상적이다.”

'경기서적' 호매실점은 이유리 씨가 책임진다. 선국규 씨는 천천점을 함께 관장하니 아무래도 머무는 시간이 적다. 이유리 씨는 아침 10시에 책방 문을 열고 저녁 9시에 문을 닫는다. 하루 11시간씩 성실하게 노동을 한다. 여기에 일손을 돕는 아르바이트가 한 명 더 있다. 이 정도 인력이면 책방을 운영할 수 있다. 어머니 뱃속부터 따지자면 책방 인생 34여 년이 훌쩍 넘은 선국규 씨의 말에 따르자면 이렇다.

“약 133제곱미터(약 40평) 책방은 한두 명이 충분히 관리할 수 있는 규모다. 여기에 참고서 판매를 겸하면 은퇴한 부부가 치킨집을 차리는 것보다 안정적인 수익을 거둘 수 있다.”

'경기서적' 호매실점은 요즘 동네책방이 지향하는 '취향의 공간'을 따르지 않았다. 음료나 술을 팔지 않고, 어린이들을 위한 의자 몇 개를 빼고는 따로 앉을 공간을 만들지 않았다. 이미 '경기서적'이 과거 카페와 책방을 결합한 시도를 했다가 접었던 경험이 있기에 선 씨는 책이 대접받는 책방이 옳다고 믿는다.

'책방은 어떤 곳일까'라는 질문에 하나의 답만 존재하는 것은 아니다. 오히려 그 답은 책방마다 달라야 한다. 누구에게는 책방이 취향을 확인하는 공간이고, 다른 누구에게는 퇴근길에 잠시 쉬어가는 곳일 수도 있다. 선 씨와 이 씨에게 '책은 밥이고 옷'이다. 기본은 누구나 쉽고 편하게 책을 만날 수 있는 곳이다. 지도 애플리케이션을 켜고 골목길을 따라가야 만날 수 있는 작은 책방도 필요하지만 '경기서적' 호매실점처럼 접근하기 편한 곳에서 독자가 필요한 책들을 만날 수 있는 지역 밀착형 서점 역시 필요하다. 그렇게 보면 중형 서점은 독자가 필요한 다양한 책들을 만날 수 있는 장점이 있고, 온라인 서점은 집에서 책을 받아볼 수 있는 편의성이 높다. 동네책방에서는 공간의 아름다움과 뜻하지 않은 한 권의 책을 만나는 기쁨을 누릴 수 있다. 어떤 방식이 옳고 다른 방식은 틀릴 수 없다. 자기 자리에서 할 수 있는 최선의 책방이 있을 뿐이다. 그리고 보면 붐처럼 문을 연 동네책방의 시작에는 다양성을 누리고 싶은 마음이 있었다. 어떤 모습의 책방이든 그저 그 자리에서 원하는 만큼 오래오래 문을 열고 독자들을 기쁘게 만날 수 있기를 응원한다.

생존은 과연
누구 손에
달려 있는가

"책방 주인들이 온갖 노력을 다하지만 이익을
확보하기 어려운 구조의 선봉에는
출판사와 책방 사이에 존재하는 공급률이 있다.
여기에 공정을 추구한 현장에서는 유령 책방이 생겨났고,
새로운 시도 앞에 다양한 폐해가 등장했다. 온갖 다툼과 편법으로
오늘도 동네책방의 피로감은 높아져만 간다."

"책방 주인들이 온갖 노력을 다하지만
이익을 확보하기 어려운 구조의 선봉에는 출판사와
책방 사이에 존재하는 공급률이 있다"

책방은 책을 파는 곳이다. 책방의 가장 큰 딜레마는 책만 팔아서 유지하기 어렵다는 점이다. 음식점이 음식만 팔아서는 먹고 살 수 없고, 타이어 대리점이 타이어만 팔아 운영할 수 없고, 화장품 가게가 화장품만 팔아서는 남는 게 없다는 말과 궁극적으로 같은 뜻이다. 모든 자영업이 문만 열면 잘 되는 건 아니다. 어느 업종이나 잘 되는 집도 있고, 망하는 집도 있다. 책방 역시 비즈니스다. 잘 되는 곳이 있기도 하고 어려운 곳도 있을 수 있다. 하지만 오늘날 우리 곁의 동네책방의 어려움은 개별 책방의 비즈니스 성패로 논할 수만은 없다는 점이 문제다. 간단히 말해 현재 우리나라 동네책방은 원천적으로, 시스템적으로 이익을 내기가 매우 어려운 구조를 지니고 있고, 이는 개인의 정성과 노력으로 극복하기 어려운 상황이다. 특히 주인의 취향에 따라 한정된 책을 큐레이션하여 판매하는 동네책방은 태생적으로 이익을 내기 어려운 구조 속에 놓여 있다.

　　동네책방이 힘든 가장 큰 이유는 '책장사가 워낙에 이문이 박하기' 때문이다. 당신이 오늘 동네책방에서 1만 원짜리 책을 한 권 샀다고 가정해보자. 그 책방에서는 그 책을 팔아 얼마의 이익을 남길까? 많아야 1,500~2,000원 남짓이다. 말하자면 책을 팔아 책방이 취하는 이익률은 보통 15~20퍼센트 내외다. 이익은 적지만 많이 팔리면 괜찮다. 박리다매라는 말도 있지 않은가. 하지만 책은 그도 아니다. 팔리는 책의 총량은 썩 많지 않다. 낮은 이익률에 판매도 순조롭지 않은데 임대료를 비롯한 공간 운영을 위한 부대비용은 고스란히 지불해야 한다. 결국 책방 주인은 자신의 인건비를 가져가기도 벅차다. 최선의 이익을 확보하기 위해 책방 주인들은 고육지책으로 온갖 노력을 다하고 있지만 개인의 노력으로 만회하기에는 구조적인 한계가 너무 명확하다.

이익을 확보하기 어려운 구조의 선봉에는 생산자인 출판사와 판매자인 책방 사이에 존재하는 공급률이 있다. 한 권의 책은 대개 출판사에서 만들어진 뒤 도매상을 거쳐 동네책방에 도달해 독자의 손에 쥐어진다. 이러한 일련의 유통 과정은 표준적인 프로세스이긴 하지만 모든 책이 동일한 프로세스를 거치는 건 아니다. 말하자면 여러 경우에 따라 유통 방식이 각기 다르다는 의미다.

오프라인 서점에서 판매하는 일반 단행본은 주로 출판사에서 나와 전국 도매상과 지역 도매상을 거쳐 책방에 도달한다. 도매상을 거치지 않고 출판사가 책방에 직접 책을 보내는 경우도 있다. 참고서나 잡지류는 출판사가 지역별로 유통 권한을 위임한 총판을 거쳐 지역 책방에 유통된다.

출판사는 도매상이나 개별 책방 등에 책을 '공급'하고, 책방은 도매상이나 출판사로부터 '입고'된 책을 받아 판매한다. 출판사가 거래처에 책을 공급하는 정가 대비 비율을 '공급률'이라고 한다. 책을 받는 책방 입장에서는 이를 '입고율'이라고 부르기도 하지만 이 책에서는 공급률로 통칭하기로 한다.

출판 유통의 각 주체에게 공급률은 무척 중요한 사안이다. 공급률에 따라 각 주체의 이익이 결정되기 때문이다. 1만 원짜리 책을 7,000원에 공급하면 공급률은 70퍼센트다. 이보다 낮은 6,000원에 공급하면 공급률은 60퍼센트다. 이 숫자에 따라 누군가는 이익이 늘어나기도 하고 이익이 줄기도 한다.

앞서 말한 것처럼 출판사-도매상-책방-독자라는 표준 프로세스만 보면 출판 유통의 단계가 복잡할 것 없어 보인다. 하지만 이게 그렇지가 않다. 공급률이 개입되면 상황은 매우 복잡해진다. 우선 출판사마다, 유통사마다, 게다가 분야마다 공급률이 모두 다르다. 공급률을 정하기까지 주체에 따라 편차도 크고, 출판사와 유통사 간의 역학 관계도 작동한다.

분야별로 살펴보면 전문서나 학습참고서의 공급률이 높다. 문학보다는 인문서 공급률이 높다. 실용서와 아동서 공급률은 상대적으로 낮다. 예컨대 A출판사의 인문서와 어린이 책은 똑같이 1만 원의 정가가 붙어 있어도 같은 거래처에 다른 공급률로 출고된다.

출판사와 거래처 사이 공급률은 유통 환경의 변화 그리고 개별 출판사 사정에 따라 다르다. 1999년 '한국출판연구소'의 '한국 출판산업 실태조사'에 의하면 일반 단행본 출판사의 도매상 공급률이 평균 68.8퍼센트, 소매 서점 직거래 공급률이 70.8퍼센트, 전문학술도서 출판사의 소매 서점 공급률이 76.6퍼센트로 나타났다.

개정 도서정가제 시행 이후 출판사 공급률 문제 해법을 찾기 위해 2015년 '책과사회연구소'가 단행본 출판사는 물론 실용서, 학술서, 아동서를 출간하는 출판사까지 포함한 446개 출판사를 전수 조사한 뒤 평균 공급률을 발표한 바 있다. 이에 따르면 출판사와 도매상·서점 등 유통 거래처 사이의 공급률은 "거래 조건에 따라 업체별로 공급률 분포가 50~85퍼센트로 매우 넓게 나타난다." 특히 대형 거래처인 도매상과 대형 서점, 온라인 서점 등의 공급률은 대략 60퍼센트 정도인 것으로 조사되었다.

공급률은 다시 '위탁'과 '매절'로 나뉜다. 출판사에서 책을 받아 판매하는 책방은 기본적으로 위탁을 전제하고 거래한다. 다시 말해 일정 기간이 지난 뒤 팔리지 않으면 반품할 수 있다. 앞에서 언급한 공급률은 기본적으로 위탁 거래에 해당하는 숫자다. 하지만 여기에서 예외적인 경우가 등장한다. 매절買切이다. 거래처에서 출판사에 대량 부수를 한꺼번에 주문하면 일정하게 공급률을 할인해주는데 이것이 매절 거

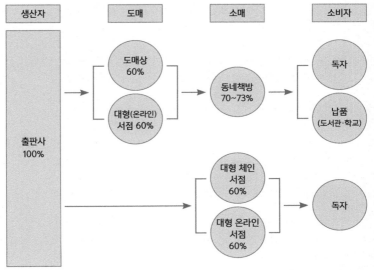

출판 유통 프로세스와 공급률 차이

| 생산자 | 도매 | 소매 | 소비자 |

출판사 100%

도매상 60%

대형(온라인) 서점 60%

동네책방 70~73%

독자

납품 (도서관·학교)

대형 체인 서점 60%

대형 온라인 서점 60%

독자

(*공급률은 평균 수치임)

래다. 매절의 사전적 용어가 그렇듯 유통사는 팔다가 남더라도 반품하지 않는 조건과 현금 결제를 전제로 책을 공급받는다. 대개 해당 도서의 위탁 거래 공급률보다 약 5퍼센트 정도 낮은 공급률을 적용하며 주문 부수는 최소 100부 이상일 경우 매절 거래가 가능했다. 하지만 이제 100부는 과거의 일이 되었고, 50부로 내려간 것이 벌써 오래전 일이다. 최근에는 30부까지 매절 거래를 요구하는 곳이 있다는 소문이 돌기도 한다. 그뿐만 아니라 매절로 받은 책까지 반품하는 일도 비일비재하다. 그렇다면 도매상이나 대형 서점이 아닌 동네책방이 거래하는 공급률은 어떻게 될까. 이해를 돕기 위해 출판 유통의 흐름을 보여주는 간단한 표를 만들었고, 각 유통사의 공급률은 평균치를 기입했다.

●

"공급률은 역학 관계에 따라 영향을 받는다.
작은 출판사일수록 을의 위치에 설 때가 많다"

출판사는 출간한 책을 주로 주요 도매상에 직접 공급한다. 주요 도매상으로는 '북센'이나 '인터파크송인'*, '북플러스', '한국출판협동조합' 같은 전국 규모의 업체가 있고, 대구 '세원출판유통'이나 부산 '한성' 등 지역을 기반으로 하는 지역 업체, 어린이 책을 전문으로 취급하는 '서

---

* 국내 2위의 서적 도매업체인 '송인서적'은 2016년 12월 부도가 난 뒤 그 이듬해 온라인 서점 '인터파크'에서 인수한 뒤 '인터파크송인서적'으로 이름을 바꿨다. 그러나 2020년 7월 법원 회생 절차를 밟았고, 이후 전국 40여 개 중형 서점으로 구성된 '한국서점인협의회'(한서협)가 2021년 주식회사 '보인'을 설립하여 '인터파크송인서적'을 인수하려고 했으나 자금 부족으로 끝내 결실을 맺지 못했다. 결국 2021년 5월 '인터파크송인서적'은 출판사 1,200여 곳에 약 90억 원의 손해를 입히고 파산했다.

당' 같은 업체 등이 있다. 대부분의 동네책방은 이런 도매상들을 복수로 거래하여 책을 공급받는다. 최근 들어 동네책방에 책을 직접 공급하는 출판사들이 늘고 있기는 하지만 일반화하여 말하기에는 아직 이르다.

출판사가 책을 직접 공급하는 서점도 있다. 대형 서점과 온라인 서점 등이 그런 곳들이다. 출판사로부터 직접 책을 공급받으면 중간 단계가 줄어드니 당연히 공급률에서 유리하다. 결과적으로 같은 책을 판매해도 동네책방에 비해 대형 서점이나 온라인 서점의 이익률이 높다.

공급률은 늘 고정되어 있다기보다 시장 상황이나 유통 환경에 따라 때때로 변한다. 1990년대 이후 대형 마트, 홈쇼핑, 온라인 서점이 등장하면서 큰 변화가 일었다. 해당 업체가 책을 얼마나 많이 판매하는가, 시장을 얼마나 과점하고 있는가에 따라 공급률은 조정된다. 많이 팔수록 공급률은 내려간다.

출판사의 규모 역시 공급률을 정하는 데 영향을 미친다. 책을 많이 출간하는 대형 출판사는 거래처와의 계약에서도 우위를 차지하지만 신생 출판사나 작은 출판사의 경우 거래처의 요구에 대체로 맞춘다.

도매상을 거치지 않는 소매 유통업체인 대형 서점과 온라인 서점에서 운송료와 책값 할인, 마케팅 비용 등을 이유로 도매상보다 훨씬 더 낮은 공급률을 요구, 관철하기도 하는데 실제로 모 대형 서점의 경우 온라인 판매를 시작하면서 기존 70퍼센트 선이던 공급률을 60퍼센트 선으로 조정할 것을 요구, 관철하기도 했다.

　이렇듯 주체들의 이익과 직결되는 공급률을 둘러싼 논란은 끊이지 않는다. 가장 최근의 사례는 2014년 개정 도서정가제 시행 이후 불거진, 낮은 공급률에 관한 출판사들의 문제제기였다. 개정 도서정가제 시행 이전 최대 50퍼센트까지 가능했던 도서 할인 폭이 10퍼센트로 이내로 제한되었는데, 출판사와 온라인 서점 간의 공급률 계약은 이전과 같은 조건으로 묶여 있었다. 당연히 판매자인 온라인 서점의 이익률이 대거 올라갔다. 반면 출판사의 영업 이익률은 제자리 혹은 일부 하락했다. 이에 대해 출판업계가 문제 제기에 나섰고, '한국출판인회의'는 같은 사안으로 출판사와 온라인 서점 사이에 일괄 공급률 개선을 시도했다. 일명 상생 공급률이다. 출판업계의 이런 시도에 대해 온라인 서점 중 한 곳에서 표명한 입장은 대략 이러했다.

　"공급률 조정 문제는 개별 기업 간에 자율적으로 맺는 사적 계약의 영역이며 계약 기간이 도래하는 출판사들이 요청할 경우에는 거래 조건이나 매출 확대 방안을 진지하게 논의하겠다."

　이후 출판사들이 개별적으로 공급률 인상을 시도했으나 실효를 거둔 곳은 그리 많지 않다. 이미 출판 유통에서 온라인 서점이 과점화된 상황에서 공급률 조정은 현실적으로 제약이 많았다.

이렇듯 공급률은 출판사와 유통 주체 사이의 역학 관계에 따라 영향을 받는다. 유통사가 시장을 과점하고 있을 경우 공급자인 출판사는 약자다. 주로 어린이 책을 출판하는 1인 출판사 A사의 경우 대형 온·오프라인 서점 4사를 통한 매출이 전체 매출의 65퍼센트 정도를 차지한다. 역시 주로 어린이 책을 펴내는, 총판이나 기타 납품처가 있는 대형 출판사 B사의 경우는 60퍼센트 이하다. 성인 단행본을 출간하는 중견 출판사 C사의 점유율은 52퍼센트 남짓, 주로 인문 분야의 책을 출간하는 1인 출판사 D사는 62퍼센트다.

유통망과 마케팅 능력이 한정적인 작은 출판사일수록 대형 온·오프라인 서점을 통한 매출 비중이 높을 수밖에 없다. 때문에 출판사와 유통사의 역학 관계에서 작은 출판사일수록 을의 위치에 설 때가 많다.

"출판사를 처음 시작한다고 할 때 이 공급률을 둘러싸고 워낙에 살 떨리는 소리를 많이 들었다. 어디서는 55퍼센트 이상은 말도 못 꺼내게 한다더라. 60퍼센트만 해도 잘 받는다더라. 70퍼센트는 꿈도 꾸지 마라."*

* 『작은 출판사 차리는 법』, 이현화, 유유, 2020.

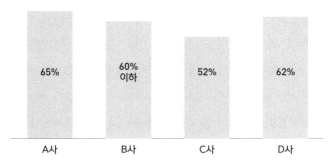

대형 서점 4사 점유율

A사	B사	C사	D사
65%	60% 이하	52%	62%

　　처음 출판사를 시작하려는 이들의 귀에는 이런 소문이 흉흉하게 돈다. 그나마 지금은 좀 나은 편인지도 모른다. 할인 판매가 횡행하던 시절 도매상이나 대형 온·오프라인 서점과 계약을 맺은 출판사의 공급률은 특히 더 낮았다. 2014년 개정 도서정가제 시행 이후에는 신생 출판사라 할지라도 비교적 업계의 상식선에서 벗어나지 않는 공급률로 계약을 하고 있고, 온라인 서점 한 곳에서는 출판사가 희망하는 공급률을 제시하게 한 뒤 협의를 거쳐 계약을 진행하는 것으로 알려져 있다.

생존은 과연 누구 손에 달려 있는가

"동네책방의 이익률을 높이려면 공급률 시스템을
개선해야 한다. 하지만 이는 쉽지 않다.
직거래 역시 어느 쪽에도 이로운 방식이 아니다"

2016년에는 한 대형 출판사에서 도매상으로 출고하는 공급률을 조정
하려다 동네책방들로부터 큰 반발을 불러온 적이 있다. 당시 '한길서
적' 대표인 이종복 '한국서점조합연합회'(서련) 유통대책위원장은 강하
게 소리를 높였다.

"대형 출판사의 일방적인 공급률 인상은 동네책방을 벼랑 끝으로
내모는 일이다."
"현재 중·소형 서점들의 평균 이익률이 25퍼센트 정도인데 이보
다 낮아질 경우 책방 존립이 위태롭다."

여기에 희망사항도 덧붙였다.

"대형 서점과 작은 책방, 온·오프라인 서점 모두 같은 공급률이 적
용되는 독일식 공급률 도서정가제를 도입하는 것이 하나의 대안이 될

수 있을 것이다."*

　작은 동네책방은 대개 도매상으로부터 책을 공급받는다. 이들에게 적용하는 공급률이 평균 75퍼센트 정도라고 할 때, 현행 도서정가제가 인정하는 범위 안에서 독자에게 5~10퍼센트를 할인하고 나면 책방 이익률은 평균 15~20퍼센트 내외가 된다. 이렇게 낮은 이익률은 책방의 지속 가능성을 위협하는 가장 직접적인 이유이며 이에 대한 개선이 필요하다는 목소리는 지속적으로 이어지고 있다. '책과사회연구소' 백원근 소장 역시 이렇게 지적한다.

　"책방 유통 마진이 지나치게 적은 매입률(출판사 공급률)을 개선해야 한다. 대형 온·오프라인 서점과 출판사의 직거래 구조가 발달한 한국 출판 유통 특성상 출판사는 대형 유통 채널에 대해 상대적으로 낮은 공급률로 공급하고, 대형 온·오프라인 서점은 신생 출판사나 소형 출판사에 대해 50퍼센트 대의 낮은 공급률로 거래할 것을 강제한다. 도매상 거래를 기준으로 약 22퍼센트의 책방 판매 이익률로는 수요 감소와 낮게 억제된 도서 가격 체제에서 임대료, 인건비, 운영비를 감당하며 정

* 「공급률'이 뭐길래… 또 서점계와 출판사 공급률 마찰」, 권영미, 『뉴스1』, 2018. 3. 27.

상적인 경영을 하기 어렵다."

이렇듯 여러 목소리를 종합하면 결국 동네책방의 이익률을 높이기 위한 방법 중 하나는 출판사와 유통사의 공급률 시스템을 개선하는 것이다. 출판사에서 도매상에 공급하는 공급률은 내리고, 대신 대형 온·오프라인 서점의 공급률은 올리는 방법이다. 하지만 이는 대형 온·오프라인 서점의 반발을 불러올 것이고, 모든 출판사가 이를 행동에 옮기도록 뜻을 모으는 것도 쉽지 않다.

동네책방의 이익률을 높이기 위한 또다른 방법으로 거론되곤 하는 것이 출판사와의 직거래다. 그렇게만 된다면 공급률이 낮아지고, 동네책방의 이익률을 높일 수 있다. '땡스북스'는 500개 이상의 출판사와 직거래를 한다. 결론부터 말하자면 모든 동네책방이 이를 따라 하기 어렵다. '땡스북스'는 거의 초창기에 시작한 동네책방이라는 특수성 때문에 직거래가 가능한 측면이 없지 않았다. 수많은 동네책방에서 직거래를 희망한다 해도 출판사로서는 이 요구를 모두 수용하기란 현실적으로 어렵다. 이유는 간단하다. 작은 동네책방의 사정이 열악한 만큼 출판사 사정도 만만치 않기 때문이다. 직원 1~3명 정도로 운영하는 작은 출판사도 많은데, 이런 출판사 역시 늘 손이 부족하다. 전국 동네책방과 직거래를 한다면 시간과 노력이 많이 든다.

출판사와 동네책방이 직거래를 한다고 생각해보자. 출판사는 매일 수십 군데 책방에서 주문 들어온 책의 출고 작업을 해야 한다. 때로 반품도 받아야 하고 매월 결제를 비롯한 거래처 관리를 해야 한다. 몇몇 곳이야 가능하겠지만 거래처가 늘어나면 감당할 여력이 있는 곳이 많지 않다. 영세한 출판사 사정으로는 감당하기 어렵다. 상시적으로 직거래를 하지 않더라도 동네책방에서 납품 부수가 꽤 되거나 특별한 경우 대량의 부수가 필요할 때 출판사에 현금을 지급하고 한시적으로 책을 구매하기도 한다. 이런 경우 출판사에서는 대부분 낮은 공급률을 적용한다. 단, 반품이 없어야 한다. 이러한 현매 조건은 동네책방 입장에서는 적잖이 부담스럽다. 책이 팔리지 않으면 고스란히 떠안아야 하기 때문이다.

그림책 전문 출판사인 '그림책공작소' 민찬기 대표는 상당히 많은 책방과 직거래를 하는 것으로 유명하다. 1인 출판사를 시작할 무렵 도매상이 제시한 공급률이 너무 낮아 차라리 전국의 서점·도매 유통업체와 직거래를 하는 편이 낫겠다는 생각으로 시작했다. 민 대표가 2017년 직거래하던 서점·도매 유통업체만 391곳이었다. 배본 차량이 들어갈 수 없는 전국 서점에는 택배로 책을 출고하면서까지 직거래를 했는데 모두 합치면 420여 군데였다. 2020년에는 직거래 거래처 숫자가 더 늘었다. 서점·도매업체만 480곳이고 여기에 배본 차가 가지 않아 택배로 출고하는 동네책방이 74곳이다. 총 554곳을 직거래한다. 이렇게 출판사와 책방이 직거래를 하면 출판사의 매출이 눈에 띄게 증가하느냐 하면 그렇지도 않다는 게 민 대표의 고백이다. 예컨대 택배 출고하는 74곳의 동네책방 매출 점유율은 평균 5퍼센트 남짓이다. 이런 상황에 대해 그는 솔직하게 토로한다.

"출판사 발행인과 편집장이 오전 시간 내내 주문에 매달린다는 게 얼마나 어처구니없는 짓이란 말인가. 전국 서점 직거래는 결코 유통 혁신의 방법이 아니다. 게다가 만약 수백, 수천 권을 보유한 골리앗 출판사 중 한 곳이 나처럼 미친 척하고 전국 서점 직거래 유통을 하겠다 하면 전국 서점은 아침마다 주문서를 정리하고 보내는 데 엄청난 시간과 인력과 비용을 들이게 될 것이다. 이렇듯 경험과 가정을 통해 생각해도 전국 서점 직거래는 합리적 출판 유통의 대안이 될 수 없다."*

모든 거래는 이쪽이나 저쪽 모두에게 이로울 때 지속 가능하다. 그런 면에서 출판사와 동네책방과의 직거래는 양쪽 모두에게 장기적으로 부담만 지울 뿐 어느 쪽에도 이로운 방식이 아니다.

* 「출판사와 소매 서점의 직거래가 대안인가」, 민찬기, 『기획회의』 438호.

"독일의 도서정가제,
출판사, 도매상, 책방 모두를 위한 보호장치."

다른 나라 사정은 어떤지 들여다볼 필요가 있겠다. 도서 유통은 나라마다 전통과 관행이 달라 일방적으로 비교하는 것이 어렵다. 다만 도서정가제를 법으로 정해 시행하는 일본, 프랑스, 독일 같은 나라의 사례를 통해 반면교사를 삼아볼 수는 있다. 그 가운데 앞서 '한길서적' 이종복 대표가 언급한 독일식 공급률 도서정가제에 대해 잠깐 살필 필요가 있겠다. 이종복 대표는 우리나라 공급률 해결 방안 중 하나로 '대형 서점과 중·소형 서점, 온·오프라인 서점 모두 같은 공급률이 적용되는 독일식 공급률 도서정가제를 제시한 바 있다.

독일은 자국의 출판문화를 보호하기 위해 도서정가제를 시행하고 있다. 독일의 도서정가법 제6조 제1항은 출판사가 동일한 도서의 공급률을 서점에 따라 차별하지 않고 동일하게 적용하도록 의무화하고 있다. 이뿐만 아니라 제6조 제3항에서는 출판사가 도매상과 거래할 때 직거래 소매 서점보다 더 높은 공급률을 적용하지 않도록 하고 있다. 이는 소비자 판매(소매) 단계에서 정가 판매의 의무뿐 아니라, 도서정가제의 궁극적 목적 중 하나인 소매 서점 보호 육성, 출판 유통에서 출판사·

서점 모두에게 편의성을 제공하는 도매상의 유지 가능성을 높이기 위한 조항이다. 이를 흔히 '공급률 도서정가제'로 지칭한다.

독일의 책방들도 출판사 또는 도매상으로 책을 주문할 수 있다. 만약 책을 대량으로 구입한다면 독일 책방도 출판사와 직거래를 한다. 대량 주문에 따른 할인 혜택을 받을 수 있기 때문이다. 독일의 책방들은 도서의 약 50퍼센트를 출판사에서 구입하고, 나머지는 도매상으로부터 구입한다. 독일 도매상의 최저 공급률은 책 정가의 50퍼센트로 알려져 있다. 출판사에 따라 차이가 있긴 하지만 일반적으로 출판사로부터 정가의 55퍼센트에 책을 공급받아 소매 서점에 70퍼센트에 출고한다.

독일은 도매상의 이익률이 15퍼센트, 소매 서점의 이익률이 30퍼센트 정도다. 독일 도매상의 이익률이 일본이나 한국에 비해 높은 편이다. 이는 전통적으로 현금을 주고 책을 구입해서 서점에 공급하는, 즉 현금 도매상Barsortiment으로 출발한 이들의 전통이 여전히 이어지고 있기 때문이다. 독일의 도매상은 위탁으로 구매하지 않는다. 반품이 없는 구매이기에 이익률이 우리에 비해 높다. 우리 식으로 말하자면 모든 도서를 반품 없는 현금 결제, 즉 매절로 구입하고 서점에 빠르게 공급한다. 만일 출판사로 반품을 해야 할 경우에는 책값의 약 3~5퍼센트에 해당하는 수수료를 지불해야 하고, 문고본은 아예 반품을 할 수 없다. 그런 까닭에 독일 도매상 구매팀은 전문적 지식과 데이터에 기반하여 출판사로부터 도서를 구매한다.*

반면 일본은 양대 도매상인 '닛판'日販과 '도한'東販을 통해 거의 모든 책이 서점으로 유통된다. 출판사에서 도매상으로 68~71퍼센트에 공급하고, 도매상은 소매 서점에 76~81퍼센트에 공급한다. 이 경우 대략 도매상 이익률은 8~10퍼센트 정도, 소매 서점은 22~24퍼센트다. 일본은 온라인 서점도 대부분의 도서를 도매상을 통해 공급받는다. 따라서 할인 판매를 할 수 없다.**

이를 정리하면 독일은 출판사와 소매 서점이 직거래를 할 경우에도 도매상보다 낮은 공급률로 도서를 공급받을 수 없다. 소매 서점의 공급률이 도매상보다 낮아질 경우 변칙적 할인 판매의 위험이 내재하기 때문이다. 실제 우리나라에서도 개정 도서정가제 시행 이전 대형 온라인 서점이 독자에게 할인 판매를 하기 위해 출판사의 공급률을 낮춘 사례도 있다. 독일은 이러한 상황을 원천적으로 견제하기 위해 공급률 규제를 하는 것으로 보인다. 결국 독일이 공급률을 포함한 도서정가제를 시행하는 것은 출판생태계를 구성하는 출판사, 도매상, 책방이라는

---

* 『독일 출판을 말하다』, 신종락, 산과글, 2020
** 『개정 도서정가제 환경과 도서 공급률 대응 방향』, 책과사회연구소, (사)한국출판인회의, 2015. 12., p60~p67.

각 주체를 보호하고 육성하기 위해서다.

●

"납품 영업만 하는 유령 책방이 생겨났고,
다툼과 편법으로 인한 피로감이 높아졌다.
공정이 오히려 폐해를 낳았다"

동네책방은 책을 팔아 운영한다. 책을 파는 대상은 크게 두 경우로 나눌 수 있다. 개인 독자들(B2C)에게 직접 책을 팔기도 하지만 기업 구매자(B2B)에게도 책을 팔 수 있다. 기업 구매자란 대부분 초중고등학교나 도서관 또는 대량으로 책이 필요한 업체를 통칭한다. 이런 경우를 흔히 납품이라고 한다. 개인 독자에게 몇 권을 판매하는 것과는 비교할 수 없을 만큼 대량 부수를 한꺼번에 판매할 수 있으니 책방으로서는 납품이야말로 큰 수익원이 아닐 수 없다. 김포 '꿈틀책방' 이숙희 대표는 「좌충우돌, 초보 동네책방지기의 공공도서관 납품기」*라는 글에서 처음 해본 납품 이야기를 솔직하게 털어놓은 적이 있다. 내용을 간추리면

* 「좌충우돌, 초보 동네책방지기의 공공도서관 납품기」, 이숙희, 『동네책방 동네 도서관』, 2019. 5.

이렇다.

'책방 문을 연 지 3년차 되던 해에 처음으로 도서관 납품을 하며 나라장터가 뭔지도 모르고 용어는 낯설고 준비할 서류가 많아 시간도 걸리고 스트레스도 많았지만 이 덕에 책방 운영비 외에 최저임금은 보장받을 수 있었다.'

이런 내용도 있다.

'(납품을 통해) 특별한 일이 없는 한, 이 동네에서 책방을 좀 더 오래 할 수 있는 토대, 다시 말해 '지속 가능한 운영'의 밑바탕을 확보할 수 있을지 모른다는 기대를 품게 되었다.'

이렇듯 지역의 학교나 도서관에 대규모의 책을 일시에 공급하는 납품은 동네책방으로서는 매우 매력적인 매출처다. 납품을 통해 동네 책방은 불안정한 책 판매에 시달리지 않고 최소한의 안정적인 매출을 보장받을 수 있다. 그러나 누구나 납품을 할 수 있으면 좋겠지만, 이 기회를 잡기란 또 만만하지 않다. 지역의 학교에는 이미 고정 납품처가 있는 경우가 많았던 데다 2014년 개정 도서정가제 시행 이후 납품 환경이 많이 달라졌기 때문이다.

개정 도서정가제 시행 이전까지 도서관 등 구매처는 납품업체들로부터 도서를 최저낙찰제로 구입했다. 다시 말해 가장 낮은 가격으로 책을 공급하는 도매상, 지역 책방 등에 납품을 맡겼다. 도서 납품업체를 선정할 때 할인의 폭이 결정적인 요인이었다는 의미다. 여기에서 납품업체의 전문성이 발휘된다. 납품업체는 가장 낮은 공급률을 구매처에 제시하지만 그렇다고 적절한 영업 이익을 포기해서도 안 된다. 자칫하면 앞으로 남고 뒤로 밑지는 헛장사가 되기 때문이다. 때문에 경험이 많은 납품업체일수록 영업이익을 확보할 수 있는 최선의 할인 폭을 설정, 납품 공급률을 제시하여 구매처의 선택을 받아왔다.

하지만 개정 도서정가제 시행 이후 사회복지시설만 예외로 인정할 뿐 도서관 등 거의 모든 구매처에서도 10퍼센트 이내의 할인율로 책을 구매하는 것으로 상황이 바뀌었다. 이제는 모든 납품업체가 똑같이 10퍼센트 할인율을 제시할 수밖에 없게 된 것이다. 납품업체 간의 변별력이 모두 사라졌다. 이에 따라 도서관 및 공공 기관의 도서 입찰 방식은 공정성 확보를 위한 추첨제로 바뀌었다.

그러자 엉뚱한 일이 벌어졌다. 실제로 책방을 하지 않는 업체들이 납품 경쟁에 참가해 입찰을 따는 변칙 납품 영업이 횡행했다. 책과 아무런 관계가 없어도 누구나 사업 종목에 '서점업'을 추가로 등록하면 입찰에 참여할 수 있게 되었다. 과거 한 곳의 입찰에 참여하는 납품업체가 3~5개였다면, 개정 도서정가제 시행 이후에는 100개가 넘는 업체가 참여하는 경우까지 발생했다. 지역에서 납품에 참여할 수 있는 업체는 손에 꼽힐 정도다. 도매상, 도매 총판을 병행하는 서점, 작은 동네책방이 한 지역에 많으면 얼마나 많겠는가. 그런데 평상시에는 책방 영업을 하지도 않으면서 납품 영업만 주력으로 하는 유령 책방들이 곳곳에 생겨났고, 이 때문에 지역의 도서관이나 학교 등에 도서 납품을 하던 도매상이나 책방 들은 오히려 기회를 얻지 못하는 일이 늘어났다.

부작용은 이뿐만이 아니다. 납품업체 선정이 추첨으로 바뀌면서 업체 간에도 눈살을 찌푸리게 하는 일들이 수시로 벌어졌다. 납품에 참가하는 몇몇 서점들이 당첨 확률을 높이기 위해 사업자등록을 여러 개만들어 참여하는 사례도 등장했다. 또한 지금까지 오랫동안 납품을 해오던 지역 서점과 납품에 새로 참여하게 된 신생 동네책방이 서로 얼굴을 붉히는 일도 종종 벌어지고 있다.

납품을 둘러싼 최소한의 질서가 무너져버린 상황 앞에서 편법이 횡행하고, 불편한 상황이 반복되면서 납품에 참여하던 지역 책방들의 피로감은 높아져만 가고, 정작 서점들은 주된 수익원이 사라지며 큰 어려움을 겪었다.

이런 상황을 그렇다고 두고 보기만 하지는 않았다. 납품을 둘러싸고 일어나는 여러 부작용과 폐해를 막기 위해 지역 서점 활성화 조례를 제정하고, 지역 서점 인증제도 시행하고 있다. 지역 서점 인증제란 무엇인가. 지역 서점 조례에 근거하여 '일정한 요건을 갖춘 해당 지역 내의 서점을 심사하여 지역 서점으로 인증하고 조달계약 체결시 우대하고, 홍보, 시설개선을 지원하고 경영 컨설팅 및 교육훈련을 제공하는 혜택'*을 주는 제도인데, '한국서점조합연합회'에서 2015년 7월부터 도입한 이후 2015년 창원시가 시행, 서울 성북구, 경기 안양시 등으로 확산되었다. 경기도는 2017년 광역자치단체로는 최초로 세부 사항을 규정하기 위해 지역 서점 조례를 제·개정했다. 그 현황을 보면 이렇다.

"경기도의 지역 서점 인증제는 실제 운영하지 않는 명목상의 서점 업체가 난립하는 문제점을 해소하고, 인증을 통한 공공의 신뢰성 부여와 홍보 및 경영 컨설팅, 교육 등 지역 서점에 대한 실질적 지원을 통해 경쟁력을 강화하려는 목적으로 시행되었다. 2018년에 233개, 2019년에 56개 등 현재 289개 서점이 지역 서점으로 인증받아 다양한 혜택을 받고 있다."*

* 「지역 서점 현황조사 및 진흥 정책 연구」, (사)한국서점조합연합회, 한국출판문화산업진흥원, 2019. 12., p164.

2015년부터 이미 경기도 고양시는 도서 전량을 지역 서점에서 구입하는 제도를 시행하고 있다. 이 역시 지역 서점을 살리기 위한 바람직한 시도로 손꼽힌다. 납품을 할 수 있는 방법은 대략 세 가지다. 규모가 큰 대학 도서관이나 공공도서관의 경쟁 입찰은 나라장터(www.g2b.go.kr)를 통해서, 이보다 규모가 작은 학교 도서관이나 작은 도서관은 학교장터(www.s2b.kr)로, 마지막으로 학교에서 필요한 책을 직접 책방으로 주문하는 수의계약이 있다. 예산이 일정 규모 이상을 넘는 대규모 납품은 도서관에서 자체적으로 계약할 수 없고 나라장터를 통해 이루어져야 한다. 그래서 고양시는 다른 방법을 시도했다.

"도서관 센터에서 자체적으로 계약할 수 있는 금액인 1,100만 원 이하로 쪼개서 계약하는 방식을 생각해냈다. 좋은 아이디어이긴 하지만 기존 방식대로 하면 한 번의 계약으로 그칠 일을 수십 번 해야 하니 담당자 입장에서 일이 엄청 늘어난 것이다. 계약 대상이 될 서점 선정부터, 이런 계약에 익숙하지 않은 서점 운영자들을 교육시키며 일을 진행하는 것도 만만한 일이 아니었다."**

---

* 「동네책방 살리는 공공도서관 구입 정책」, 한상수, 『동네책방 동네 도서관』, 2019. 5.
** 앞의 글.

2019년 고양시 공공도서관의 도서 구입비 예산은 20억 3,000만 원이며, 납품에 참여한 지역 서점은 29곳이다. 이를 계산하면 서점 한 곳마다 개인 독자에게 직접 책을 파는 매출 외에 납품만으로약 7천만 원의 매출을 올릴 수 있는 것으로 나온다. 동네책방의 일반적인 매출 규모를 생각할 때 이 매출액은 실질적으로 매우 큰 도움이 된다. 고양시에서 '행복한 책방'을 운영하는 사단법인 '행복한아침독서' 한상수 대표 역시 이에 동의한다.

"공공도서관의 도서 구입은 매년 사업으로 지속 가능한 책방 운영에 대한 자신감에 큰 도움이 된다."

흥미로운 건 지역 조례를 비교적 일찍 도입한 11개 시도의 책방 수 감소율이 그렇지 않은 지역에 비해 낮다는 점이다. 하지만 경기도를 포함한 11개 시도에서 실시 중인 지역 서점 인증제에 법적 구속력은 없다. 즉, 유령 납품 업체를 원천적으로 배제할 수는 없다는 뜻이다. 또한 지역에는 오래전부터 참고서와 납품을 전문으로 서점업을 하던 곳들이 있어 갑자기 모든 지역에서 서점 인증제를 실시하기 어려운 측면도 있다. 어쨌든 '지역 서점 조례에서 지역 서점 도서 구매정책을 명시한 지역은 모두 29곳'*이며 유령 책방에 대한 규제는 현행 도서정가제 하에서는 법률 외 사항이다. 2014년 11월부터 시행된 개정 도서정가제는 출판문화산업진흥법에 따라 '문화체육관광부 장관이 3년마다 도서정가제를 재검토'하여 규정을 완화, 폐지, 보완 등을 하도록 명시하고 있다. 납품에 대한 규제나 제도적 보완 역시 도서정가제를 재검토하고 보완과 개정을 논하는 협의회를 통해 더 근본적인 차원의 해결책이 마련되어야 할 것이다.

* 「지역 서점 현황조사 및 진흥 정책 연구」, ㈔한국서점조합연합회, 한국출판문화산업진흥원, 2019. 12. , p163.

피할 수 없는
이야기,
도서정가제

"도서정가제를 둘러싼 현실적 이해 관계는 복잡하다.

이대로라면 오로지 베스트셀러만이

살 만한 책의 기준이 될 것이라는 점은 분명하다.

그런 세상의 책은 얼마나 별 볼 일 없겠는가.

책방이야말로 책의 다양성을 담보하는 보루다.

다양성이 사라진다면 가장 먼저 독자들이 책으로부터 떠날 것이다."

"완전도서정가제가 필요하다는 목소리가 크다.
하지만 현실적 이해 관계는 매우 복잡하다.
즉 해결이 절대 쉽지 않다는 뜻이다"

동네책방 운영 또는 생존 방안을 고민하면서 도서정가제 이야기를 빼놓을 수는 없다. 도서정가제는 동네책방만이 아니라 출판·서점업계에 막대한 영향력을 발휘했고, 이를 둘러싼 논의는 지금도 현재진행형이다. 2017년 경기연구원의 「경기도 지역 서점 실태 조사 및 발전 방안 연구」에 따르면 지역 서점 활성화를 위해 서점인이 손꼽은 세 가지 요구 사항은 다음과 같았다.

　　첫째. 도서정가제
　　둘째. 서점 인증제
　　셋째. 서점 홍보 마케팅 지원

　　대전 '우분투북스'의 이용주 대표도 한 매체와의 인터뷰에서 책방을 위한 실질적인 방안으로 도서정가제를 제일 먼저 꼽았다.

"현재 (도서정가제) 제도는 약간의 범퍼 같은 역할만 수행하고 있다. 소규모 오프라인 서점의 경우 10퍼센트 할인, 5퍼센트 추가 할인이나 적립조차 어렵다."*

'책과사회연구소' 백원근 소장 역시 같은 의견을 피력한다.

"문화적 공공재인 책 생태계의 선순환 구조를 만들려면 거품 가격이 없고 독일, 프랑스, 일본처럼 일물일가一物一價의 원칙에 충실한 정가제를 확립해야 한다. 어떤 의욕적인 정책이나 지원도 완전한 도서정가제 없이는 사상누각에 불과하다."**

책방이 살아남기 위해서는 최소한의 이익률이 확보되어야 한다. 그러기 위해 동네책방을 운영하는 이들은 물론, 동네책방을 아끼는 독자들은 너나 할 것 없이 할인 없는 완전도서정가제가 필요하다고 입을 모은다. 경쟁에 지지 않기 위해 울며 겨자 먹기로 하는 할인, 적립만 하

* 「대전의 사랑방 '우분투북스' 이용주 대표 "사람에 포커스를 둬야"」, 송진아, 『뉴스페이퍼』, 2020. 3. 22.
** 「한국 서점의 지형도와 미래 비전」, 백원근,『제5차 책 생태계 비전 포럼』, 2018., p11.

지 않아도 책방 운영을 위한 최소한의 이익률을 확보할 수 있다는 것이다. 하지만 도서정가제를 둘러싸고 출판사, 책방, 독자라는 세 가지 주체의 현실적 이해관계는 무척 복잡하다. 즉 해결이 절대 쉽지 않다는 뜻이다.

도서정가제는 매우 오래전부터 숙원사업이었다. 2003년부터 시행되었으니 비교적 최근 들어 시작한 논쟁거리라고 생각하기 쉽지만 이미 오래전부터 이어온 아주 해묵은 숙제다.

1990년대 들어서부터 도서 할인 판매가 난맥상을 이루긴 했지만, 그 이전에는 대개 서점에서 정가를 주고 책을 샀다. 그렇다면 그때는 도서정가제가 있었다는 뜻일까? 존재했다. 다만 2002년에 법률로 제정되었을 뿐이다. 저간의 사정을 알려면 도서정가제를 둘러싼 지난 과정을 좀 살펴야 한다.

우리나라에서는 해방과 한국전쟁 이후 서점과 출판업이 본격적으로 시작되었다. 이 무렵 우리 사회는 온통 혼란스러웠다. 출판·서점업계도 예외가 아니었다. 책 역시 할인 판매가 만연했다. 전환점을 맞게 된 것은 1970년대부터다. 바야흐로 경제 성장이 이루어지면서 생활이 점차 안정되기 시작했다. 무엇보다 한글세대가 주 소비층이자 독자층으로 떠올랐다. 출판·서점업계가 호황을 누리기 시작한다. 당시는 전집 출판물 시장이 강세였다. 지금도 유아와 어린이 책 분야에서는 무시

못 할 거대 시장이지만 당시는 전 분야에서 전집 판매가 득세했다. 그 시기를 지나 점차 단행본 출판이 제모습을 갖추었고 독자들은 책을 사기 위해 서점을 찾기 시작했다. 이렇게 시장은 활성화되는데 과거부터 이어져온 가격 덤핑이나 할인 판매의 위협은 여전히 도사리고 있었다. 출판·서점업계는 도서정가제를 실시하기 위한 노력을 이어갔고, 드디어 1977년 12월 1일부터 '도서의 정가판매제(정찰제)'가 실시되기에 이르렀다.

이때 실시된 도서정가제는 그러나 1980년 12월 31일 '독점규제 및 공정 거래에 관한 법률'(공정거래법)이 시행되며 제동이 걸린다. 공정 거래법의 취지는 이러하다.

"사업자의 시장지배적 지위의 남용과 과도한 경제력의 집중을 방지하고 부당한 공동행위 및 불공정거래행위를 규제하여 공정하고 자유로운 경쟁을 촉진함으로써 창의적인 기업활동을 조장하고 소비자를 보호함과 아울러 국민경제의 균형 있는 발전을 도모함을 목적으로 한다."

즉, 자유시장 경제의 원칙에 따라 사업자의 담합이나 독점을 금지하고 경쟁을 촉진하여 소비자를 보호한다는 취지에 따라 제정된 법률이다. 이에 따라 '공정거래법' 제20조는 '재판매가격유지' 행위를 금지

한다. '재판매가격유지'란 출판에 한해 설명하자면 출판사가 정한 도서의 가격을 소매업자인 서점이 그대로 따르는 행위를 말한다. 따라서 재판매가격유지 행위 금지란 출판사가 정한 가격을 소매업자인 서점이 따르지 않고 임의로 할인을 할 수 있다는 뜻이다. 즉, 도서의 할인 판매가 가능해진 것이다. 그나마 다행스럽게도 '공정거래법' 제29조 제2항에서 예외적으로 "대통령이 정하는 저작물에 대해서는 이를 적용하지 아니 한다"고 규정한다. 이렇게 해서 '공정거래법'은 1981년 4월 1일부터 발효되었으며 도서는 재판매가격유지 허용 품목으로 인정받았다. 그로부터 지금까지 우리나라에서 도서와 신문은 재판매가격유지 제도를 시행하고 있다. 문화상품의 특수성을 인정한다는 뜻이다. 지나친 가격경쟁으로 책이 지닌 다양성을 훼손하는 사태를 막기 위한 조치다. 그러나 당시 '독점규제 및 공정 거래에 관한 법률'에서 허용한 도서정가제는 예외 조항일 뿐 법적 규제력은 없었다. 법적 규제력이 없다는 사실은 이후 큰 문제를 일으키는 불씨가 된다. 1980년대 도서정가제가 실시되면서 서점은 안정적 수익을 보장받았다. 더구나 1980년대는 책의 시대였으니 출판·서점업계는 성장했고 전국의 서점 수도 증가했다. 1981년 6월 1일 대형 서점인 '교보문고'가 문을 여는 등 서점의 대형화도 시작되었다.

이처럼 도서정가제의 역사는 오래되었다. 어느 날 갑자기 시행된 것이 아니다. 해방 이후부터 도서의 할인 판매가 출판·서점업계에 미치는 부정적인 영향을 개선하기 위해 마련되었고, 책은 정가에 산다는 암묵적인 동의를 지켜왔다. 하지만 이런 사회적 합의가 법률로 정해진 것은 아니었다. 1990년대로 들어서며 법적 구속력이 없는 도서정가제 때문에 출판·서점업계는 다시 한 번 큰 폭풍에 휘말리게 된다.

"사방에서 책을 할인해서 팔았으니 서점들은 어떻게 되었을까.
독자들은 오프라인 서점에서 책을 사지 않았다.
전국의 서점들은 빠른 속도로 문을 닫았다"

도서정가제는 2002년 7월 31일 '출판 및 인쇄진흥법'으로 법제화되며 정식으로 시행되기에 이른다. 법률로 정해졌다는 건 그만큼 다툼과 분쟁의 소지가 많아졌다는 뜻이다. 정가를 주고 책을 산다는 사회적 합의가 깨진 것은 1990년대부터 우리 사회에 혁명적인 유통 변화가 시작되었기 때문이다.

1994년을 전후로 국내에 창고형 할인매장이 생겨났다. 양평동 '프라이스클럽'을 시작으로 지금은 사라진 '까르푸'를 비롯하여, '홈플러스', '이마트' 등 대형 유통매장이 경쟁적으로 영업을 개시했다. 이곳은 동네 슈퍼나 구멍가게보다 저렴한 가격에 상품을 팔았다. 두부와 콩나물과 과자를 동네 가게에서 사던 건 옛말이 되고 주말이면 아이들과 창고형 매장에 가는 것이 나들이가 되었다. 대형마트에서 공산품만 팔았나 하면 아니다. 일부 베스트셀러와 어린이 책도 서점보다 훨씬 저렴한 가격에 할인 판매했다.

세계 최대 출판통신판매회사인 독일 '베텔스만'도 이 무렵 우리나라에서 영업을 시작했다. 북클럽 회원을 대상으로 베스트셀러를 파격적인 가격으로 할인해서 공급했다. 1999년부터 본격적으로 생겨난 온라인 서점 역시 도서의 할인 경쟁에 불을 붙였다.

책을 정가에 사고판다는 건 암묵적인 사회적 합의였으나 법적으로는 얼마든지 할인 판매가 가능했다. 책을 정가의 20퍼센트에서 많게는 50퍼센트까지 싸게 팔기 위해서는 도서의 공급률이 낮아져야 한다. 출판사는 북클럽, 대형마트에 책을 공급하는 할인매장용 벤더vendor에게 일반 거래처보다 낮은 가격으로 책을 공급했다. 업체들은 이렇게 확보한 '마진'margin을 바탕으로 책을 싸게 팔았다. 심지어 출판사가 직접 홈쇼핑을 통해 대폭 할인된 가격에 책을 팔기도 했다.

이렇게 사방에서 책을 할인해서 팔았으니 동네책방은 어떻게 되었을까. 중·소형 서점은 그때나 지금이나 도매상이나 총판으로부터 도서를 공급받으니 공급률이 높다. 대량구매를 조건으로 낮은 공급률로 책을 공급받은 대형마트, 할인과 배송비를 내세워 공급률을 낮춘 온라인 서점처럼 할인 판매를 할 수가 없었다. 판매하는 책은 똑같은데 가격 경쟁력이 떨어지니 독자는 오프라인 서점에서 책을 사지 않았다. 전국의 서점들은 빠른 속도로 여기저기에서 문을 닫았다. 물론 베스트셀러, 참고서, 잡지 판매에 안주했던 고루한 운영 방식 역시 폐업 릴레이의 원인에서 빼놓을 수 없다.

출판·서점업계 종사자들의 위기의식은 높아졌지만 도서정가제는 법으로 규정된 것이 아니라 달리 규제할 방법이 없었다. 무엇보다 법제화가 시급했다. 서련은 1999년 7월 '저작물의 정가유지에 관한 법률(안)'을 문화관광부에 제출한다. 여·야 의원 28명이 11월 22일 이 안을 발의해 입법화가 추진됐다. 그러나 공정거래위원회가 이를 반대했고 1999년 12월 13일 문광위 소속 소위원회에서 법안 상정 유보를 결정함으로써 입법화는 무산되었다. 도서정가제를 법안으로 상정하며 반발을 산 부분은 온라인 서점의 할인 판매 허용 여부였다.

"일부 의원들이 무조건 할인 판매를 금지할 경우 온라인 서점의 존립 근거가 없어진다며 문제를 제기했기 때문이다."*

난항 끝에 2002년 7월 31일 '출판및인쇄진흥법'이 5년 한시법으로, 국회 본회의를 통과했다.

'발행된 지 1년 이내의 책에 대해서는 할인율을 10퍼센트 이내로 규제하고 이를 어길 경우 최고 300만 원의 과태료를 부과한다.'

'다섯수레' 김태진 대표는 2002년 처음으로 '출판및인쇄진흥법'을 제정하던 당시 '대한출판문화협회' 부회장으로 논의에 참석했다. 김 대표는 당시를 이렇게 회고한다.

"10퍼센트 할인율이 도입되면서부터 출판업계에 혼란이 찾아왔다."

그는 여기에 더해 작금의 상황 역시 그때로부터 비롯되었다고 지적했다.

"도서정가제가 국회를 통과하는 과정에서 10퍼센트 할인율이 추가된 것이 현재 벌어지고 있는 중·소형 서점 감소와 출판사 매출 감소,

* 한국서점조합연합회 홈페이지, https://www.kfoba.or.kr/pub/price/price03010101.asp

독서인구 감소 등의 직접적인 원인(이다.)"*

과연 2003년 2월 27일부터 시행된 도서정가제는 더 큰 문제를 낳았다. 5년 한시 규정인 데다 마일리지 적용 등 편법이 기승을 부릴 여지가 많아 법 시행 이후에도 논란은 끊이지 않았다. 가장 큰 문제는 온라인 서점에서만 도서 할인이 가능하도록 규정한 것이었다.

●

변칙적인 할인 판매가 발생하자
두 번째 도서정가제 개정 이후에도
서점의 매출 감소와 폐업은 더욱 심화되었다."

1994년 전국 서점 수는 5,683개를 상회했다. 2002년 무너지는 출판·서점 생태계를 막기 위해 도서정가제를 제정했지만 서점의 폐업은 막을 길이 없었다. 오프라인 서점의 할인은 막아놓고 온라인 서점만 할인

* 「독서 접근성 높이려면 도서정가제 수술…지역중소서점부터 살려야」, 최성욱, 『서울경제』, 2020.1.20.

이 가능하자 도리어 폐업하는 서점이 늘어만 갔다. 사라진 전국 서점 수만 살펴봐도 알 수 있다. 2003년부터 2013년까지 약 10여 년에 걸쳐 사라진 서점이 무려 1,600여 개가 넘는다.

사정이 이렇게 되자 5년 후인 2007년 7월 19일 '출판및인쇄진흥법'은 '출판문화산업진흥법'으로 이름을 바꾸고 문제점을 개선하는 방향으로 법 개정을 시행했다.

첫 번째로, 그때까지 온라인 서점에서만 가능했던 할인 판매를 오프라인 서점까지 확대하고 정가의 10퍼센트까지 할인 판매를 허용했다.

두 번째로, 발행한 지 12개월 이내 신간에만 도서정가제를 적용하던 조항을 18개월 이내의 도서까지 적용 기간을 늘렸다.

세 번째로, 5년간 한시적으로 적용한다는 도서정가제의 조항을 폐지했다.

그러나 2007년 개정된 '출판문화산업진흥법' 역시 문제의 소지는 남아 있었다. 경품고시가 불씨였다. 당시 공정거래위원회의 '경품류 제공에 관한 불공정거래행위의 유형 및 기준 지정고시'(경품고시)와 출판법 시행규칙에 의해 도서 정가의 10퍼센트까지 경품이 인정되었다. 도서정가제가 적용되는 18개월 이내의 신간일지라도 정가의 19퍼센트까지 할인이 가능해지자* 경쟁적으로 경품을 제공하며 이 역시 큰 논란거리가 되었다. 또한 실용도서와 초등학습참고서, 출간된 지 18개월이지난 구간 도서는 무제한 할인할 수 있게 한 것도 혼란을 야기했다. 도서정가제가 적용되는 출간 18개월 미만 신간은 팔리지 않고 할인 판매가 가능한 구간만 팔리는 기형적 현상이 벌어지며 출판 시장이 크게 왜곡되었다. 당시 온라인 서점 A사의 구간 판매 비중은 2007년 40퍼센트에서 2011년 65퍼센트로 4년 사이 25퍼센트나 높아졌다. B사와 C사의 경우 역시 2007년은 각각 47퍼센트, 43퍼센트였으나 2011년에는58퍼센트, 61퍼센트로 높아졌다.

한편 여러 온라인 쇼핑몰에 등장한 '오픈마켓'에서는 구간을 정가의 절반 이하로 판매하는 일도 벌어졌다. 복합 온라인 쇼핑몰은 다양한공산품을 팔며 소비자에게 적립금을 지불했다. 소비자들이 적립금을사용하기 가장 좋은 건 책이었다. 예를 들어 정가의 절반 가격으로 할인 판매하던 모 출판사의 세계문학전집은 적립금으로 사기 딱 좋은 아이템이었다. 이런 변칙적인 할인 판매가 발생하자 두 번째 도서정가제

---

* 할인율이 19퍼센트인 것은 경품 및 포인트 제공의 경우 정가 대비 10퍼센트가 아니라 할인 적용한 가격의 10퍼센트에 해당하는 혜택이라 그러하다. 예를 들어 정가 1만 원인 도서를 10퍼센트 할인한 금액 9천 원의 10퍼센트를 제공하는 것이니 경품 및 포인트는 900점을 받는 것으로 총 할인율은 19퍼센트가 된다.

도서정가제 변천사[*]

시행 연도	2003	2007	2014	2020
관련 법명	출판및인쇄진흥법	출판문화산업 진흥법	출판문화산업 진흥법(개정)	출판문화산업 진흥법(개정)
할인 제한 폭	최대 19% 이상	최대 19%	최대 15%	
직접 가격 할인 폭과 경품 또는 포인트 적립범위	정가의 10% + 판매가의 10% 이내 또는 3천원/5천원 경품	정가의 10% + 판매가의 10% 이내	정가의 10% + 5% 이내	
대상 도서	출간 후 12개월 이내 도서	출간 후 18개월 이내 도서	모든 도서	
예외 도서	실용서 및 초등학습참고서	실용서 및 초등학습참고서	예외 없음. 단, 출간 후 18개월 이후 도서에 한해 재정가(정가 변경) 가능	출간 후 12개월 이후 도서에 한해 재정가(정가 변경) 가능
대상 서점	온라인 서점	모든 서점	모든 서점	
예외 기관	도서관, 사회복지시설, 국가 및 지자체 공공기관, 군부대, 보호 시설 등	도서관, 사회복지시설, 국가 및 지자체 공공기관, 군부대, 보호 시설 등	사회복지시설	
적용 시한	5년 한시	한시 규정 폐지	3년마다 타당성 검토 후 폐지, 완화, 유지	

2014년 개정 도서정가제 실시 이후 3년이 지난 2017년 도서정가제 보완·개정을 위한 협의회가 여러 차례 열렸지만 그때마다 난항을 겪었다. 결국 출판·서점업계, 소비자단체 등은 '건전한 출판 유통 발전을 위한 자율 협약'을 체결, 2018년 5월 1일부터 시행을 협의했다. 도서정가제 관련 주요 내용은 다음과 같았다. 첫째, 신간 출간 후 6개월 이내 중고도서 유통 금지. 둘째, 정가의 5퍼센트 이내로 제한한 경품과 사은품 제공에 따른 문제의 보완을 위해 매입 거래명세서 구비. 셋째, 신용카드사 등 '제3자 제공 할인'은 판매가의 15퍼센트로 제한. 넷째, 전자책 대여 기간은 90일 이내로 단축. 그 뒤 2021년 11월 도서정가제는 최소 범위로 개정안을 결정했다.

* 「개정 도서정가제 영향 평가 및 향후 방향」 연구 보고서」, ㈜한국출판인회의, 한국출판문화산업진흥원, 2016. 11. 2020년 이후 내용은 저자가 보완한 것임.

개정 이후에도 서점의 매출 감소와 폐업은 더욱 심화되었다.

●

"오로지 자본력, 광고, 작가 인지도, 문학상 수상,
유명인 추천, 영화화 발표 등만이 살 만한 책의
기준이 된다면, 그런 세상의 책은 얼마나 별 볼 일 없겠는가"

다시 도서정가제의 보완 작업이 절실했다. 결국 '출판문화산업진흥법 일부개정법률'이 마련되었다. 편의상 이를 개정 도서정가제로 부른다. 개정 도서정가제는 2014년 11월 21일부터 시행되었다.

　　개정 도서정가제 시행을 앞둔 2014년 하반기 온라인 서점 풍경을 기억한다. 스테디셀러라고 부르는 책들이 터무니없이 할인된 가격으로 팔려나갔다. 독자들이 향후 몇 년간 읽을 책은 이때 다 샀다고 말할 정도였다. 망한 회사가 자사 물건을 업체에 넘겨 덤핑 판매하듯 팔았다. 눈살을 찌푸리게 하는 행태였다. 온라인 서점이 이런 '막가파' 할인을 한 이유는 개정 도서정가제 시행 이후에는 실용서, 참고서를 포함한 모든 도서가 예외 없이 도서정가제 적용을 받기 때문이었다. 개정 도서정가제가 시행되면 물품, 마일리지, 할인권, 상품권 등의 간접 할인과 직접 할인을 모두 포함해도 할인 폭은 정가의 15퍼센트를 넘을 수 없었다. 또한 책값을 할인해주는 직접 가격 할인은 정가의 10퍼센트 이내로 제한되었다. 1990년대 중반 이후부터 20년 가까이 마구잡이 할인에 익숙해진 독자들은 '이제부터 할인은 무조건 10퍼센트 이내'라고 하니 뭔가 손해를 보는 것처럼 여겼다.

하지만, 지난 착오를 바로 잡기 위해 한층 강화된 개정 도서정가제를 시행했지만 이를 둘러싼 논의는 여전히 현재진행형이다. 도서정가제를 바라보는 입장은 출판업계, 서점업계, 그리고 독자에 따라 극명하게 차이가 있다. 도서정가제의 시행을 적극적으로 지지하고 전국 어디에서나 같은 값으로 책을 사고팔 수 있도록 완전도서정가제 적용이 필요하다고 가장 강력하게 주장하는 측은 서점업계다. 출판업계는 도서정가제에 대해 다소 미온적 태도를 보이고 있다. 출판사의 규모와 출간 분야에 따라 입장 차이가 있다. 2014년 개정 도서정가제 시행 이후 출판사 매출이 전반적으로 감소했기 때문이다. 2000년대 초반 활발하게 등장하던 밀리언셀러 혹은 대형 베스트셀러가 개정 도서정가제 이후 주춤하는 등 판매가 위축된 것이 원인이다.

반면 소비자, 즉 독자들은 도서정가제 폐지를 요청한다. 2018년 도서정가제 개정을 앞두고 20대 대학생이 책값이 오른다며 도서정가제를 폐지해달라는 국민청원을 했다. 출판 시장이 비활성화되어 책이 덜 팔리니 출판사는 책값을 올리고 그 부담은 고스란히 독자들이 떠안는 다는 것이다. 흥미롭게도 도서정가제가 책값 인상의 주범이라는 논리는 1977년 도서의 정찰제를 실시할 때도 똑같이 제기된 적이 있다.

"도서정가제 실시의 걸림돌은 가격 책정이었다. 정가제가 결과적인 가격 인상이 되기 때문에 독자에게 피해가 갈 것이라는 언론과 국민들의 오해를 불식시킬 필요가 제기되었다. 이에 따라 서적 상인들은 출판인들에게 지금까지 시장에 나와 있는 도서 가격을 조정(인하)해줄 것을 요청하여 '민중서관', '동아출판사', '교학사', '시사영어사' 등 상당수 출판사들로부터 협조를 이끌어내었다."

'서점조합연합회'는 이렇게 기록하고 있다. 2019년 11월에는 도서정가제를 폐지해달라는 청와대 국민청원이 20만 명 이상의 동의를 얻었다. 문제가 불거지자 정부의 공식 입장이 나오기도 했다.

"완전 도서정가제는 검토한 적이 없다."

2020년에는 도서정가제가 위헌이라는 헌법소원심판청구도 있었다. 도서정가제 개정은 2021년 11월까지 연장되었으나 도서정가제에 대한 소비자 반발이 크다는 점을 고려해 문체부가 '소비자 후생을 위한 추가 검토'를 하면서 큰 논란이 일었다. 출판계, 서점, 작가 등은 도서정가제의 개악 움직임에 크게 반발했다. 결국 2020년 11월 도서정가제의 큰 틀은 유지하되 세부 사항을 정비하는 것으로 가닥을 잡았다. 또 문제가 되었던 도서정가제의 전자출판물 적용 방안은 계속 논의를 이어가기로 했다.

달라진 사항은 정가 변경 허용 기준을 현행 18개월에서 12개월로 완화한 점과 재정가 제도를 활용해 도서전 등 행사에서 재정가 도서에 한해 할인 판매를 허용한 점이다. 하지만 이는 출판계, 서점, 작가 등의 반발에 밀린 어정쩡한 방법으로 사태를 수습한 데 지나지 않는다. 급격한 변화를 맞이한 종이책과 전자책 모두에게 도서정가제 적용에 대한 더 큰 숙제를 남겨둔 꼴이다.

도서정가제는 지금 여기에 이르기까지도 무척 지난한 과정을 거쳤다. 과정마다 편법이 난무했고, 저마다의 셈법으로 복잡하게 얽혀 있다. 출판·서점업계 종사자에게도 복잡한데 독자들에게야 오죽할까. 그러나 도서정가제가 오늘에 이르기까지의 지난 과정을 조금만 관심 있게 살펴보면 우리가 왜 책을 제값 주고 사야 하는지 알 수 있다. 도서정가제는 책값 할인이라는 문제를 넘어 출판·서점업 생태계 차원에서 접근해야 한다. 2015년 이후 일어난 동네책방 붐의 직접적 원인이 강화된 개정 도서정가제 시행 때문이라는 건 모두 인정하는 사실이다. 역으로 말하자면 최소한의 안전 장치가 다시 사라지면 지난 역사가 보여주듯 언제든 책방은 우리 곁에서 사라질 것이다.

동네책방이 모두 사라지면 어떻게 될까. 대형 서점 몇 곳만 존재한다고 해도 필요한 책을 살 수는 있을 것이다. 하지만 출판·서점업 생태계는 왜곡될 수밖에 없다. 2000년 이후 수많은 지역 거점 서점이 사라지자 대형 온·오프라인 서점이 시장을 과점했다. IMF 외환위기를 거치기 전까지 '도매상과 소매 서점의 매출 비율은 6:4 정도'였지만 지금 일부 출판사의 대형 온라인 서점 매출 비중은 70퍼센트에 육박할 정도까지 높아졌다.

시장의 과점은 결국 치열한 경쟁 논리만 남긴다. 과거 오프라인 서점은 출판사들과 오랫동안 거래 관계를 이어 왔고 신뢰를 기반으로 삼았다. 이제 대형 서점에서 신간을 노출하려면 돈을 주고 매대를 사야 한다. 매대를 파는 조건으로 대량 부수를 받은 책들이 대형 서점 매장 여기저기에 반복적으로 깔려 있다. 온라인 서점도 마찬가지다. 잘 보이는 화면에 책을 노출하려면 광고비를 지불하거나 이벤트를 해야 한다. 일부 자본력이 있는 출판사는 이런 요구에 응할 수 있지만 나머지 출판사는 어렵다. 이런 조건이라면 자본의 집중화는 더욱 가속될 게 뻔하다.

이런 식으로 서점이 지극히 자본주의적인 속성만을 따르는 구매 공간으로 변하면 책의 미래는 암담해진다. 서점이 복사용지나 주방세제를 파는 쇼핑몰과 똑같아지면 출판·서점 생태계는 무너진다. 오로지 자본력, 광고, 작가 인지도, 문학상 수상, 유명인 추천, 영화화 발표 등만이 살 만한 책의 기준이 된다면, 그런 세상의 책은 얼마나 별 볼 일 없겠는가.

●

**"수많은 책방이야말로 책의 다양성을 담보하는 보루다.
책방에서 다양성을 빼앗는다면 가장 먼저 독자들이
책으로부터 떠날 것이다"**

책을 만들고 판매하는 출판과 책방은 묘한 이중성을 지닌다. 고도의 자본주의 사회에서 책을 만들고 판매하고 있으니 이익을 많이 내는 것을 우선으로 삼아야 한다. 그러나 출판·서점업계가 추구할 바는 이게 다가 아니다. 책과 출판과 책방이 지닌 이중성 때문이다.

독자 입장에서 책은 돈을 내고 구매하는 상품이다. 그렇지만 그게 전부가 아니다. 비록 상업적으로 유통되긴 하지만, 책은 일련의 문화 활동을 통해 만들어진 가치가 높은 상품, 즉 문화재다. 출판사는 책을 만들어 파는 산업의 한 주체이기도 하지만 다른 한편으로 책을 통해 사회적 발언을 하는 곳이다. 마찬가지로 책방은 공공적 성격을 지닌 도서관과는 달리 책을 판매하는 곳이다. 하지만 독자가 책을 쉽게 접하고 즐길 수 있다는 점에서 개인 서재나 도서관과는 또 다른 상업적 공공성을 지닌다. '인공위성' 김영필 대표의 말이 여기에 적합하다.

"서재는 혼자 누리지만 책방은 함께 누리는 곳이다."

출판과 책방의 딜레마는 여기, 바로 이런 이중성으로부터 나온다. 책은 상품이 맞지만 그렇다고 일반상품과 똑같이 취급하는 순간 그 고유한 가치는 사라진다. 책의 존재 의미도 상실한다. 사상을 통제받는 암울한 독재국가가 아닌 다음에야 책마저도 마트에서 살 수 있는 일반 공산품처럼 몇 가지 상품이 엇비슷한 품질로, 포장만 달리해서 생산되고 진열되면 독자들은 금방 읽을 게 없다며 떠난다. 일본의 출판인 츠노 카이타로는 1980년대 이후 일본 출판 시장의 불황을 이렇게 진단한 적이 있다.

"시장 원리에 휩쓸려 지금 바로 팔릴 만한 책을 만들고 싶어 안달

했던 출판업계 스스로에게 원인이 있다."

어느 책방을 가나 똑같은 종류의 책만 쌓여 있다면 어떨까. 독자는 책방에 갈 필요도 없고, 책을 찾아 읽을 이유도 별로 없다. 책은 밥도 아니고 치약이나 비누도 아니다. 읽지 않아도 살아가는 데 전혀 지장이 없다. 구태여 사고 싶고, 읽어야 할 이유가 필요하다. 그러니 팔릴 것 같은 책만 만들어낸다면, 세상에 나오는 책들끼리 모두 다 비슷해지면 그 자체로 독자적인 세계를 지닌 책의 독특함은 쉽게 사라지고 말 것이며 결국 서로 비슷한 주제와 내용을 지닌 책끼리의 경쟁만 남을 것이다.

어느 시대나 팔리는 책과 팔리지 않는 책이 있었다. 진보적인 주장과 보수적인 주장이 서로 다른 책 안에서 공존해왔다. 그만큼 책이 담고 있는 세계가 넓기에, 남다른 주장을 하기에 책만큼 위험한 미디어는 없다. 『화씨 451』에 그려진 것처럼 모두가 똑같은 생각을 해도 상관없다면 같은 책만 쌓아놓고 팔아도 무슨 상관이겠는가. 그러나 책은 언제나 총보다 위험해야 마땅하다. 책은 추론하고 의심하고 성찰하도록 독자를 이끄는 것이 본령이며 이 힘으로 영원을 얻었다.

독재자들은 사상을 검열하기 위해 책을 불태웠다. 이 시대 과점화된 자본 역시 책의 다양성을 불태운다. 이런 시대 세상에 존재하는 수많은 서로 다른 책방이야말로 책의 다양성을 담보하는 보루다. 그런 책방에서 다양성을 빼앗는다면 가장 먼저 독자들이 책으로부터 떠날 것이다. 그것이야말로 암울한 미래다.

자본의 시대를 살아가며 다양성을 보전하기 위해 노력하는 것은 쉬운 일이 아니다. 책과 책방의 개성과 다양성을 보존해야 한다는 슬로건만으로 현실의 여러 문제에 대처할 수 있는 것도 아니다. 2020년 출판·서점업계의 최대 현안 중 하나는 대형 서점들의 도매 진출을 어떻게 바라볼 것이냐 하는 문제다.

우선 '교보문고'가 이미 일부 운영 중인 도매업을 확대 진출한다고 밝혔다. 서런 소속 지역 서점 28곳과 MOU를 맺고 판매망을 구축해 수급에 어려움을 겪는 책을 좀 더 낮은 공급률로 제공하겠다는 의사를 표명했다. 그동안 대표적인 도매상들과 거래해온 서점들의 불편이 누적되었던 결과다. 동네책방들이 도매상을 통해 책을 받는 것이 당연해 보이지만 어찌된 일인지 필요한 도서의 공급과 배송은 원활하지 않았고, 거래 조건조차 들쑥날쑥했다. 특히 작은 동네책방들은 그동안 도매상들과 거래하는 건 하늘의 별따기이며, 조건이 까다로울 뿐만 아니라 운영도 중구난방이라며 원성이 드높았다. 다수의 동네책방은 도매상들과 거래 자체를 시작하기 어렵고, 거래를 하려면 보증금이 필요하거나, 지역의 책방은 택배비를 부담해야 한다고 어려움을 토로했다. 이를 다 감수한다고 해도 공급이 불투명해 원하는 책을 제때 받을 수 있다는 장담을 할 수도 없었다고도 했다.

오죽하면 온라인 서점에서 반품 없는 현매 조건으로 일정 부수의 도서를 70~80퍼센트의 공급률로 수급하고 있던 곳들도 있었고,* 급한 경우 온라인 서점에 도서를 주문해 마진 없이 독자들에게 제공하는 경우도 있었다. 이렇듯 공급의 불안정이 심해지자 80여 곳 정도의 동네 책방이 회원으로 가입한 '책방넷'은 도매상과 일괄 계약을 추진하여 공급률을 낮추고 거래 조건을 현실화하는 방안을 모색하거나 출판사와의 직거래를 통해 공동 구매를 고민하기도 했지만 현실화하기에는 어려움이 많았다. 이럴 바에야 차라리 대형 서점들을 통해 책을 받겠다며 도매 거래처를 바꾼 곳들도 이미 상당수였다. 특히 도매상으로부터 도서 공급이 원활하지 않은 지역 책방들일수록 이들 서점을 이미 도매 거래처로 삼고 있었다.

동네책방이 대형 서점으로 도매 거래처를 바꾸려는 가장 큰 이유는 거의 모든 도서를 구비하고 있기 때문이다. 도매상들 대부분은 국내 출판사 중 약 30퍼센트 정도와는 거래하지 않는다. 거래에 따른 손실 위험이 있거나 이 회사의 책을 찾는 곳이 드문 경우가 이에 해당한다. 때문에 동네책방에서 납품 등의 이유로 도매상에 이 출판사의 책

* 「한국도서유통의 현황과 문제점」, 동네책방 도서유통 연구모임, 2019.

을 주문할 경우 그 책은 받기가 어렵다. 하지만 거의 모든 출판사와 거래하는 대형 서점을 통하면 누락 되는 책 없이 모든 도서를 공급받을 수 있다. 이 점이 가장 편리하다. 여기에 자체 큐레이션 역량이 있느냐 아니냐에 따라서도 대형 서점들의 도매 진출에 대한 입장은 서로 다르다. 반면 기존 도매상들은 큰 우려를 표하고 있다. 대형 서점의 도매 진출은 그렇지 않아도 매출 하락이 이어지는 기존 도매상을 고사시키는 일이 될 것이라고 주장한다.

대형 서점들의 도매 진출은 당장은 동네책방들의 문제를 해결하고, 편의를 제공해줄 것으로 보인다. 실제로 도매 거래처를 이미 바꾼 동네책방은 일단 공급이 안정적이라 일이 절반으로 줄었다고 말할 정도다. 그렇지만 그렇지 않아도 과점화된 대형 서점의 덩치를 더욱 키우게 될 것이라며 우려하는 시선도 있다. 우려의 내용은 대략 다음과 같다.

"지방 도매상이나 중형 도매상은 사실상 도산한 것이나 마찬가지다. 기존의 도매상도 구색을 갖추지 못하고 있다. 공공도서관이나 학교도서관으로 하여금 지역 책방을 통해 책을 구매하게 하는 지자체가 점점 늘어나고 있다. 여기에 대형 서점들이 틈을 비집고 들어섰다. (…) 납품을 완벽하게 수행하기 위해서 이들이 그 역할을 수행해주는 것이 당장은 편할 수 있다. 그런 면에서 일부 작은 책방들은 대형 서점의 도매 진출을 크게 환영할 수 있다.

그러나 대형 서점의 도매업 점유율이 커지면 결국 다음과 같은 변화가 초래될 수 있다. 첫째 도매상의 도산이다. 둘째, 온라인 서점의 수익성도 줄어들 것이다. 이렇게 되면 다른 온라인 서점도 도매로 진출해 경쟁이 격화될 수 있다. 출판사로서는 일시적으로는 긍정적인 효과를 누릴 수 있겠으나 공룡화 된 대형 서점들이 납품가 인하를 요구하고 나설 수도 있다."*

비대해진 대형 서점이 시장점유를 무기 삼아 출판사에 공급률 인하를 요구하는 사례는 조금만 과거를 더듬어보면 금방 찾을 수 있다. 이런 광경을 떠올려보자. 새로운 도매 거래처가 된 대형 서점들은 출판사로부터 낮은 공급률로 대량 부수를 매입한 도서를 거래하는 동네책방에 공급한다. 출판사로부터 비용을 받고 구성한 대형 서점의 매대를 똑같이 설치할 것을 제안한다. 낮은 공급률은 물론이고, 10퍼센트 할인과 5퍼센트 적립 혜택이 따라온다. 매번 새로운 책으로 큐레이션을 하는 것이 힘들다고 느꼈던 책방이라면 여러 모로 환영할 만한 조건일 수 있다. 떠올려본 김에 더 나가보자. 그런 책방이 하나둘 늘어나면 어떻게 될까. 전국 모든 책방 매대가 같은 책으로 가득하다면, 어디에서나 비슷한 책만 쌓여 있다면? 우리가 꿈 꾸는 책방의 미래는 어디에서 찾을 수 있을까.

대형 서점들의 도매업 진출은 일정 정도 유익한 측면이 없지 않아 보인다. 하지만 본격적인 도매상 역할을 수행하거나 장기적으로 도매업에 본격적으로 진출하려는 의지가 과연 있는 걸까? 어쩌면 틈새 시장을 공략하기 위해 나선 걸음은 아닐까? 만약 그렇다면 이들의 행보가 출판 유통의 장기적인 발전을 위해 과연 바람직한 일일까? 여러 모로 걱정이 되는 바가 없지 않다.

도서정가제를 비롯한 출판·서점업계 관련 사안은 각 주체의 이해관계가 첨예하게 걸려 있어 모두를 만족시킬 정답은 어쩌면 애초에 불가능한 건지도 모른다. 들여다볼수록 어려운 것도 그래서일 것이다. 그러나 우리 사회가 오랜 시간 동안 논쟁을 거듭하며 도서정가제의 향방을 고민해온 것은 책 생태계를 지키는 일이 앞으로의 사회를 위해 얼마나 중요한 일인가를 역설적으로 말해준다. 도서정가제 제정과 개정을 둘러싼 지난 역사에서 우리가 취해야 할 바는 과연 무엇이겠는가.

---

* 「물류 중심의 유통이 확립되어야 한다」, 한기호, '출판 현안 좌담회: 교보문고의 도매 진출 어떻게 바라볼 것인가?' 자료집, 2020. 4. 25.

생존을 향한 물음,
이미 시작한
작은 날갯짓

"'나만의 책방'이 지닌 색깔을 지키려는 노력이
개성 있는 책방을 향한 첫걸음이자 모두를 위한 길이라는 걸
아는 이들이 질문을 이미 시작했고, 나름의 답을 찾고 있다.
힘들어도 이런 노력만이 생존을 가능케하는 발판일 수밖에 없다.
생존 가능성은 여기에서부터 찾아야 한다."

"동네책방들은 다양한 실험을 줄기차게 해왔다.
성공 여부를 점치기에 섣부르지만
충분히 의미 있는 그동안의 발걸음!"

'단군 이래 최대 불황.'

출판업계에서 단골처럼 쓰는 말이다. 자주 쓰다 보니 양치기 소년
의 말처럼 신뢰도 떨어지고 고리타분해진 사어死語에 가깝다. 그럼에도
이 뻔한 표현을 쓰는 데는 이유가 있다. 부인할 수 없게도 이미 산업으
로서의 출판은 정점을 지나 내리막길을 걷고 있기 때문이다. 인터넷,
스마트폰, SNS 등의 등장으로 책은 이미 수많은 미디어 중 하나가 된
지 오래다. 그러니 과거 좋았던 시절과 비교하면 언제나 최대 불황이
다. 내가 출판사에 처음 입사했던 1990년대 중반만 해도 보통 초판 제
작 부수가 5,000부였다. 지금은 1,000부까지 내려 갔다.

출판의 미래는 밝지 않은데, 책방 창업은 붐이다. 새롭게 생겨난
동네책방들은 이전까지의 서점에 이의를 제기하며 그동안 다양한 실험
을 줄기차게 해왔다. 때로 절반의 성공으로 끝나기도 했고, 아직 성공
여부를 점치기에 섣부른 감이 있긴 하지만 그동안의 발걸음만으로도

충분히 의미가 있다.

어디든, 무슨 일이든 먼저 걸음을 뗀 사람 덕분에 뒤따르는 사람은 그 너머를 꿈꾼다. 도전은 그래서 그 자체로 유의미하다. 우리 사회에서 동네책방이 그동안 보여준 모습이야말로 아름다운 도전이다. 동네책방의 무수한 창업자는 올드 미디어인 책을 공간과 삶의 중심에 놓고, 이 책이라는 존재가 앞으로 어떻게 존재할지, 오늘의 독자는 과연 어떤 책을 원하는지, 많은 이가 꿈꾸는 책방은 어떤 모습인지를 탐구해왔다. 그 덕분에 책과 책방은 내리막길에서조차 새롭고 빛나는 걸음을 내딜을 수 있는 가능성을 얻었다.

붐처럼 등장한 동네책방을 과거와 구분 짓게 해준 건 역시 큐레이션이라는 개념의 도입이다. 그 이전, 과거의 서점에는 큐레이션이 없었을까. 그렇지는 않다. '불광문고'는 큐레이션이라는 말이 등장하기 전부터 이슈나 시기에 따라 주제별 진열 등을 하며 독자의 주목도를 높이기 위해 노력했다. 10년 넘게 '책방이음'을 운영하는 조진석 대표 역시 어떻게 하면 독자가 책을 사고 싶게 할까를 궁리해왔다. 동네책방의 모델을 앞서 보여준 서점인들은 큐레이션이란 말도 없던 시절부터 이미 한 권의 책과 연계되는 또다른 책을 진열하는 편집 진열을 시도했다. 이들은 이 책을 어떻게 진열할 것인가 고민하면 독자로부터 반응이 온다는 걸 경험적으로 안다. 조진석 대표는 종종 고민 끝에 책을 골라 꽂

생존을 향한 물음. 이미 시작한 작은 날갯짓

아두면 때로 서가 한 칸의 책을 한꺼번에 모두 사 가는 독자가 나타나곤 했다고 한다. 그러다 보니 여러 권의 책을 구입하는 독자를 위해, 또는 독자가 원하는 책이 마침 없을 때 해결책을 찾다 일찌감치 택배 서비스를 시작했다.

개정 도서정가제 시행 이후 동네책방 창업이 붐처럼 이어지고, 때맞춰 큐레이션이 각광을 받았다. 따지고 보면 큐레이션은 책방 규모 때문에 선택한 것이라 해도 틀린 말이 아닐 듯하다. 이전까지 동네책방을 떠올리면 주로 학교 앞에 있던, 문방구이자 서점을 겸한 공간을 연상했다. 조금 큰 서점을 찾아가면 불특정 다수의 독자를 대상으로 삼아야 하니 참고서부터 인문서 그리고 소설까지 분야별로 구색을 갖춰야 했다. 일정한 규모 이상의 공간은 매우 당연했다. 그런데 새로 등장하기 시작한 동네책방은 너나 할 것 없이 골목 안쪽에 자리를 잡았고, 공간은 이전과 비교할 수 없을 만큼 좁았다. 이런 책방에서는 서가 진열의 경제학이 당연히 필요하다.

공간이 좁다면 취할 방법은 두 가지다. 하나는 전문 책방이 되는 길이다. 사진 전문이나 심리학 전문처럼 전문화의 길을 가면 책을 굳이 많이 두지 않아도 작가별, 시대별로 책을 배치할 수 있다. 하지만 이런 식의 전문화는 수익성이 낮아 어지간해서는 시도하기 어렵다. 또 하나는 수요와 맞물린 책방을 꾸리는 것이다. 이곳을 찾아오는 독자들의 취향을 살펴 이에 최적화한 서가 진열을 시도해야 한다. 도매상에서 보내주는 신간 배본 도서를 받아 진열하기만 해서는 그런 서가를 꾸밀 수 없다. 그러니 작은 공간에서 독자들을 만족시키기 위한 방법으로, 책방 주인이 자신의 책방 독자들을 위해 필요한 책을 직접 골라 큐레이션하는 일 외에 어떤 대안이 있을까.

●

**책방에 갈 때마다 놀란다. 이곳에서
책은 완전히 달리 보인다. 같은 책이라도
다른 책이 될 수 있다. 큐레이션의 힘이다"**

책 좀 읽는다는 사람이 다 그렇겠지만 나 역시 동네책방에 가면 어떤 책들이 있는지를 빠르게 살핀다. 속으로 점수도 매긴다. 책에 관심이 있는 사람치고 책방의 큐레이션에 대해 한마디 하지 않을 사람은 드물 테다. 독자는 저마다의 관심사가 다르니 책방을 평가하는 기준도 제각각이지만 공통된 기준은 있다.

'내가 읽은 교양서 중에 가장 좋은 책이 이곳에 있느냐 없느냐, 혹

은 기본서라고 생각하는 책이 있느냐 없느냐.'

지극히 개인적인 평가일지라도 많은 독자가 이걸로 그 책방을 판단한다.

"그 책방은 볼만한 책이 있더라." 혹은 "그 책방은 책이 없더라."

그래서 책방의 큐레이션은 묘하다. 신간만 있어서도 안 되고 베스트셀러만 있어서도 안 되며 어려운 책만 있어서도 곤란하다. 독자가 알 만한 책과 잘 팔리지는 않아도 보여주기 위한 책도 필요하다. 독자는 그런 책을 발견할 때 믿을 만한 곳으로 여긴다.

책방 큐레이션에서 가장 범하기 쉬운 오류는 주인이 좋아하는 책만 꽂아 놓는 일이다. 혹은 책벌레들이 좋은 책이라고 여길 만한 책만 진열하는 일이다. 이런 책만 있으면 서가는 금방 지루해진다. 일본에서 북 큐레이터로 활동하는 하바 요시타카가 책장을 편집할 때 즐겨 하는 방법이 있다. '낙차의 디자인'이라고 부르는 편집법이다. 한 권의 책 옆에 생각지도 못한 책을 나란히 두는 방식이다. 예컨대 철학책 옆에 만화책을 둔다. 이처럼 큐레이션에는 전문적인 지식과 교양을 담은 책과 함께 사람들이 관심을 가질 만한 대중적인 책을 포함하는 균형 감각이 필요하다. 여기에 의외성과 리듬이 있어야 서가가 지루하지 않고 재미를 느낄 수 있다.

　책벌레들이야 굳이 도움을 받을 필요가 없다. 자신이 읽을 책이 무엇인지 이미 잘 알고 있다. 책방 주인이 책벌레과라면, 그의 서가는 양서의 편향성에 빠질 위험이 있다. 개인 서가를 편집한다면 모르지만 대중 독자를 위한 서가라면 곤란하다. 책방은 다중의 독자를 위한 상업적인 공간이다. 한정된 독자를 위해 마련한 닫힌 공간이 아니다. 질문책방 '인공위성' 김영필 대표는 책과 사람 사이를 연결하는 고리에 대해 이렇게 생각한다.

　"잘 쓰인 책이니까 권하는 게 아니라 고민과 공명하는 책을 권하는 것."

　그리고 이렇게 덧붙인다.

　"큐레이션은 물론 중요하다. 다만 책의 틀에 갇혀버린 서점인의 자기만족은 아닌지 점검해볼 필요도 있다. 좋은 책만 잔뜩 꽂아 놓으면 충분할 것으로 생각하면 오산이다."

홍대 부근이지만 30대 전후가 즐겨 찾는 연남동에 일상예술책방을 지향하는 '스프링플레어'가 있다. 최혜영 점장은 이곳의 큐레이션을 이렇게 설명한다.

"예술 관련 서적의 비중이 가장 크다. 이외에도 라이프 스타일, 반려, 일, 여행, 태도, 인생 등의 키워드로 책이 느슨하게 배치되어 있다. 소설이라도 일과 관련되면 일 분야에 꽂혀 있다. 입구 매대는 신간 위주로 교체한다. 책이 바뀌었네 하는 느낌이 들도록 자주 회전을 시킨다. 그 뒤편은 구간이라도 다시 한 번 보면 좋겠다는 생각이 드는 책으로 구성한다."*

예술이 중심이지만 이를 즐길 독자가 함께 관심 있어 할 만한 책들이 적당하게 배치되고, 신간으로 변화를 주되 기본서 역시 놓치지 않는 가장 기본적인 큐레이션이다. '책방이음' 조진석 대표 역시 비슷한 생각이다.

"책방은 내 서가가 아니다. 누군가 찾는 책을 선별해서 갖다 놔야

* 「스프링플레어 점장 최혜영 인터뷰」, 『서울형 책방』, p235.

한다. 선별이 안 되면 굳이 여기 올 필요가 없다."

이를 위해서는 책방 주인에게 최소한의 편집 능력이 필요하다. 예컨대 '책방이음'은 종교 분야처럼 조 대표가 아예 모르는 분야의 책은 진열하지 않는다, 편집할 수 없기 때문이다. 동네책방 큐레이션에서 가장 중요한 일은 책벌레가 아니라 그 책방을 찾는 비독자를 끌어들이는 일이자 그들이 재미를 느낄 만한, 관심사가 담긴 책을 찾도록 돕는 일이다.

대전 '우분투북스'는 '자연, 인간, 먹거리, 건강한 삶'을 지향한다. 이용주 대표는 책방의 콘셉트에 맞는 책을 찾는 일이 곧 큐레이션이라고 생각하고, 큐레이션에 온 힘을 쏟는다. 아예 '북큐레이션 연구소'를 만들기도 했다. 책방의 이벤트나 커뮤니티도 중요하지만 동네책방은 다른 무엇보다 책이 먼저라고 강조한다.

"대형 서점도 그렇지만, 특히 동네책방을 찾는 사람들은 명확한 지향점이 있어요. 그 서점에 가면 이런 책을 볼 수 있겠구나 하는 기대 말이죠. 그런데 책은 뒷전이고 행사만 계속한다면, 어떻겠어요? 동네책방이 가장 신경써야 할 것은 '책'이에요. 그다음이 사람과 사람을 연결하는 커뮤니티로서의 역할이죠. 이벤트요? 그건 가장 마지막에 신경써

생존을 향한 물음, 이미 시작한 작은 날갯짓

도 늦지 않아요."*

　윤대녕의 『은어낚시통신』이나 리처드 브라우티건의 『미국의 송어낚시』 같은 소설이 낚시 코너에 있더라는 우스갯소리를 하던 시절이 있었다. 책을 도서관 분류 혹은 대형 서점 분류에 맞게 진열하는 것이 정석이던 시절의 일이다. 지금은 많은 책방이 전통적인 분류법을 따르지 않고 개성적인 분류를 한다. '최인아책방'의 서가는 A부터 I까지 있는데 A서가에는 개인의 삶, 성장, 성취, 일, 마음 관련 책들이 있고 E서가에는 인간과 공동체, 인문, 사회, 경제, 미래공동체를 다룬 책들이 있다. 전국 동네책방의 개수만큼 특별하고 고유한 분류가 있는 셈이다.

　우리 책방들의 큐레이션은 주제별, 상황별 혹은 필요한 책을 처방하는 스타일이 많다. 예를 들어 '재미있는 소설 30선', '읽을 만한 SF 10선' 하는 식의 키워드 추천이다. '사적인 서점' 정지혜 대표가 시도했던 북파머시처럼 '이럴 때 이런 책'을 추천해주는 방식도 즐긴다. 어떤 방식이 옳고 그르다는 기준은 없다. 책방의 큐레이션은 책의 바다에서 독자가 익사하지 않도록 돕기 위한 제안이다. 수원 '마그앤그래' 이소영 대표의 말처럼 독자가 읽을 책의 '최저선'을 정해주는 것이 중요하다.

* 『동네책방 동네도서관 98호』, 장동석, 2020. 1.

좀 더 나아가 문맥에 따라 편집적 상상력을 자극하는 식의 진열도 가능하다. 음식 코너에 미야자와 겐지의 동화 『주문이 많은 요리점』을 두거나 여행 코너에 『은어낚시통신』 같은 소설이나 승효상, 안도 다다오 등 건축가들의 사진집이나 평전을 두는 식이다. 정확한 분류보다 한 권의 책을 읽은 독자가 다음에 보고 싶은 책을 진열하는 욕망 자극형 제안이다. 우리보다는 일본의 책방에서 이런 맥락을 중시한 의외의 진열을 강조한다. 이런 진열을 하려면 책의 내용에 대해 좀 더 깊은 이해가 필요하다. 교토 '게이분샤' 이치조지점장을 역임하고 지금은 책방 '세이코샤'를 운영하는 호리베 아쓰시 대표가 이런 큐레이션으로 감탄을 자아냈던 걸로 알려져 있다.

앞서 언급했듯 동네책방에서 큐레이션이 강조되는 이유는 특히 책의 존재감이 장소에 따라, 배치에 따라 달라지기 때문이다. 종종 책방에 갈 때마다 놀란다. 분명 집에 있는 책인데 책방에서 만나면 훨씬 더 흥미진진해 보이기 때문이다. 비좁은 집에서 책은 켜켜이 쌓여 천덕꾸러기 대접을 받는다. 반면 책의 얼굴인 표지를 드러낸 채 조명을 받고 진열된 책은 존재 가치가 완전히 달라진다. 같은 책이라도 어디에 어떻게 있느냐에 따라 다른 책이 될 수 있다.

책방의 진열은 책의 가치를 만들어 준다. 서가에 등을 보이고 꽂혀 있을 때는 그냥 여러 권의 책 중 한 권이지만 맥락에 맞게 혹은 이슈에 맞게 모아 편집 진열하면 책이 살아 움직인다. 이렇게 책의 가치를 알아보고 편집 진열을 하는 서점인이 종종 의외의 베스트셀러를 만들곤 한다.

원하는 책의 제목이 정확할 때 가장 유용한 곳은 온라인 서점이다. 그러나 당장 필요한 책을 사는 것 말고도 책방에서 책을 본다는 건 독자를 어디로 데려갈지 모르는 일이다. 한 권의 책을 읽었다고 당장 삶이 달라지거나 효과가 나타나지 않을 수 있지만 반대로 한 권의 책으로부터 우연히 얻은 자극은 내면에 잠자던 욕망이나 호기심을 자극할 수도 있다. 만약 이런 자극을 받았다면 '여기'로부터 새로운 길이 만들어진다. 그래서 책방은 책으로 떠나는 여행이다. 책방은 이곳에 오는 사람만큼 수많은 여행을 품고 있다. 여행지에서 무엇이 독자를 기다릴지는, 직접 가보지 않고는 알 수 없다. 책방의 큐레이션이란 한정된 공간을 효율적으로 배치하는 일이자 독자와 관계를 맺는 방식이기도 하다. 큐레이션을 통해 동네책방은 누군가에게 책을 제안하고, 책방과 독자 혹은 독자와 책이 만나 관계를 맺는다. 책방의 큐레이션에는 이런 관계가 크고 작게 쌓여 있다. 이것이 동네책방에 가야 할 이유이며 이런 계기를 자꾸 만들어 주는 것이 큐레이션의 즐거움이자 역할이다.

동네책방의 큐레이션은 진화하고 있다. 책방에 국한하지 않고 일대일 맞춤 서비스 형식의 북클럽 서비스로 나아가고 있다. 북클럽 서비스는 오래전부터 서구에서 보편화된 방식이다. 1990년대 중반 국내에

상륙했던 '베텔스만' 북클럽 서비스가 대표적인 비즈니스 모델이다.

　　동네책방 역시 북클럽 서비스를 수익 모델로 실험하고 있다. 책방 주인이 고른 책이라는 신뢰를 바탕으로 여러 곳의 책방에서 북클럽 서비스를 시행하고 있다. 쏟아져 나오는 책들 가운에 책방 주인이 이달에 꼭 읽어야 할 만한 책을 선정해 독자에게 직접 제안하는 방식이다. 이를테면 개인 큐레이션에 해당한다.

　　'최인아책방'은 매달 책을 선정하고 편지를 동봉해 독자에게 배달한다. 북클럽 회원이 되면 매달 저자가 사인한 책 한 권을 받아볼 수 있고 월말에 열리는 해당 저자의 북토크 행사에도 참석할 수 있다. 6개월에 11만 원, 1년에 20만 원을 내는 서비스다. 2018년 2월 시작한 북클럽 서비스는 1년여 만에 회원 수가 500명까지 늘었다. 책방 입장에서 일정한 인원 이상의 북클럽 회원은 안정적인 수익원 역할을 해주며 이정도의 판매 부수라면 출판사와 효과적인 협업이 가능하다.

　　이런 북클럽 서비스를 오래전부터 진행해온 곳은 '교보문고'다. '교보문고'는 특히 비즈니스맨을 위한 북클럽 '북모닝'을 운영하고 있다. 매달 전문가가 고른 책 한 권과 연 6회 오프라인 강연을 들을 수 있는 유료 서비스로 운영하고 있다.

　　'북큐레이션 연구소장'을 겸하는 '우분투북스'의 이용주 대표 역시 작은 동네책방이 시도해볼 만한 정감 있는 북클럽 서비스를 한다.

2016년 8월 '우분투북스'를 시작한 다음 해부터 시작한 '책 정기구독'은 매월 3~5만 원 내외의 책을 이용주 대표가 직접 골라 개인 맞춤형으로 제공하는 서비스다. 개인에게 필요한 책을 골라 직접 쓴 편지를 함께 보내기 때문에 한꺼번에 많은 인원을 관리할 수 없어 30명 내외로 인원을 한정했다. 덕분에 정기구독을 희망하는 대기 독자가 있을 정도다.

일정한 규모를 지닌 서점들이 공동 큐레이션을 하는 예도 있다. 책을 고르고 추천 이유를 쓰자면 노력이 투여되는지라 지역 거점 서점들이 이를 협업으로 진행한다. 대전 '계룡문고', 청주 '꿈꾸는책방', 진주 '진주문고', 충주 '책이있는글터', 일산 '한양문고', 군산 '한길문고'는 '서점 친구들'이라는 책 추천 서비스를 함께 한다. 매달 문학 신간 중에서 추천할 만한 책을 선정해 발표하는 이달의 책 큐레이션이다. 운영 방식은 참여하는 서점의 사정에 맞춰 조금씩 다르다. 전국 중형 서점 연합인 '한국서점인연합회'(한서협)도 전국 20여 개 책방과 진행하는 '종이약국 처방책'을 함께 한다. 구미 '삼일문고'에서 먼저 시작한 종이약국은 고민 우체통에 독자가 고민을 적어두면 적합한 책을 추천해주는 방식이다. '삼일문고' 김기중 대표는 종이약국에 대한 독자 반응도 좋았지만 이를 통해 독자의 고민과 관심사를 알고 이를 서점 큐레이션에 반영할 수 있었다고 한다. '한서협'은 반 년에 한 번 서점 직원들이 모여, 함께 하는 큐레이션으로 무엇을 할까 의논한다. 독자를 만나며 쌓은 경험을 살려 주제를 논의하고 작가들과 힘을 합쳐 큐레이션 서비스를 한다. 2020년에는 독서의 재미를 알려줄 스타트북을 분야별로 선정하여 진열하는 '시작 책' 큐레이션을 함께 했다. 그림책부터 철학책까지 분야별로 작가 혹은 전문가의 추천사와 함께 읽으면 좋을 책을 같이 소개하는 구성이었다. 단, 큐레이션은 함께 하지만 진열은 각자 책방에 맞게 한다. 따로 또 같이 하는 식의 협업이다. 종이약국 처방책과 시작 책은 2020년 각각 『종이약국』과 『첫 장도 넘기기 힘든 당신을 위한 시작 책』으로 출간되었다.

●

"작은 동네책방이라면 '나만의 책방'이 지닌 장점과
그 색깔을 지키려는 노력이 중요하다.
그것이 개성 있는 책방을 향한 첫걸음이다"

동네책방이 생겨나면서 정말로 책방이 다양해졌다. 책방이 저마다 특징을 지니고 있다 보니 어제 '고요서사'에 갔어도 오늘 '위트앤시니컬'에 얼마든지 갈 수 있다. 분위기도 다르고, 가야 할 이유도 다르고, 주력으로 삼는 책도 분명하다. 미안한 말이지만 과거에는 A와 B와 C라는 서점이 별다른 차이가 없었다. 규모가 크다면 보유하고 있는 책의 종수가 좀 더 많겠지만 본질적인 차이가 없었다. 진주의 A서점에 없는 책을 구하러 부산의 B서점에 가는 경우야 있겠지만 구태여 책방 순례를 다녀야 할 이유는 없었다. 동네책방이 생겨난 이후 색깔이 다른 책방에 가야 할 이유가 충분하니 '책방 순례'가 가능해졌다.

나 역시 새로운 책방이 문을 열었다는 소식을 들으면 일부러 가본다. 어떤 분위기인지, 어떤 분야를 주력으로 삼는지, 비즈니스 모델은 무엇으로 정했는지 등이 궁금하기 때문이다. 일부 동네책방은 적극적으로 독자가 방문하고 싶은 이유를 만든다. 장소의 고유성, 책방의 상징, 비즈니스 모델, 큐레이션 등으로 '그곳'만의 차별화를 획득한다. TV프로그램 '골목식당'에서 백종원 대표는 자주, 이렇게 단언한다.

"가게 자리를 찾기 전에 식당 분위기를 구상할 필요가 없다."

식당의 위치를 결정한 뒤에야 주로 올 손님이 누구일지도 가늠할 수 있고 거기에 맞춰 분위기를 만들 수 있다는 뜻이다. 책방 역시 어디에 위치하고 누가 오느냐를 파악하는 것이 차별화를 위한 기본이다. 장소의 중요성에 관해서는 2017년 서울을 찾은 야나시타 쿄헤이의 말에 귀 기울일 만하다. 그는 도쿄에서 '카모메북스'를 운영하고 있다. '카모메북스' 부근에는 4개의 역이 있다. 이다바시 역, 가쿠라자카 역, 와세다 역, 다카다노바바 역인데 흥미롭게도 역 주변의 성격이 각기 다르다. 이다바시 역은 직장인들이 많다. '카모메북스'가 위치한 가쿠라자카 역 인근은 이다바시 역에서 15분 거리인데 완전 주택가다. 와세다 대학이 있는 와세다 역은 대학가고 다카다노바바 역은 유흥가 느낌이다.

만약 '카모메북스'가 직장인이 많은 이다바시 역 인근에 자리를 잡았다면 어땠을까. 비즈니스 서적 중심으로 큐레이션을 한 말끔한 모습이었을 것이다. 와세다 역 근처에 있었다면 대학생과 교수가 드나들 만한 헌책방을 만드는 편이 나았을 것이다. 유흥가인 다카다노바바 역 부근이라면 다양한 사람들이 방문하는 '교보문고' 같은 대형 서점이 어울렸을 테다. 그러나 '카모메북스'가 있는 가쿠라자카 역 근처는 주택가다. 그렇다면 앞의 역들 근처에 있을 때와 달라야 한다. '카모메북스'는 생활, 요리 같은 분야의 책을 중심으로 큐레이션하고 30~40대 여성들을 주요 타깃으로 삼았다. 야나시타 쿄헤이는 이렇게 말한다.

"어떤 지역인지를 정하고 그곳에 가장 잘 어울릴 만한 책방을 궁리하고 공간에 최적화되도록 모색하는 과정이 중요하다."*

* 「책을 파는 서점을 위하여」, 야나시타 쿄헤이, 『책방산책 서울』 no. 2,

'카모메북스'는 가끔 백화점 등에서 입점 제의를 받는데 가쿠라자카의 '카모메북스' 분위기를 그대로 옮겨달라는 요구라면 정중히 거절한다. 책방은 공간의 최적화가 중요하기 때문이다. 책방이 제주, 통영, 속초 같은 여행지에 자리할지 혹은 직장인이 많은 상암동에 있을지, 신도시가 있는 김포에 위치해 있을지에 따라 그 모습은 사뭇 달라질 수밖에 없다.

통영에 있는 '봄날의책방'은 바닷가 작은 마을에 있다. 오래된 단독주택을 개조해 활용했다. 누가 찾을까 싶지만 매년 수천 명의 관광객이 부러 찾는다. 통영에서만 볼 수 있는 책방이기 때문이다.

이곳은 지역성을 최대한 강조했다. 책방에서 보통 지역성을 강조하는 방법은 지역 예술가의 작품들을 모은 서가를 따로 마련한다거나, 큐레이션에서 지역의 특징을 주제로 잡아 별도의 진열 전시를 한다거나 하는 여러 방법이 있을 수 있다. 내가 방문했을 때는 고래를 주제로 담은 그림책들이 한쪽 벽에 진열되어 있었다. 이런 방식을 통해 지속적으로 책방의 상징성을 형상화하는 작업이 필요하다. 이곳에는 지역성을 강조하는 방들이 있다. 통영 출신 문인과 예술가의 방을 별도로 꾸며놓았다. 마침 책방 바로 옆에 '전혁림미술관'도 자리하고 있어서 지역 출신 예술가들의 숨결을 느낄 수 있는 독특함이 살아 있었다. 책방 외벽에는 통영 출신 작가 박경리, 김춘수, 윤이상 등의 인물 캐리커처와 그들의 말을 새겨 놓았다. 책방 외벽이나 혹은 유리창 등에 감성적인 문구를 새겨 넣는 방식이야 새로울 게 없을지 모른다. 그러나 이곳에서는 이 문구 아래 작은 나무 의자를 두어 배경으로 사진을 찍을 수 있게 의도했다. 의자에 앉으면 나지막한 집들이 앉은 남도의 찬란한 빛을 풍요롭게 느낄 수 있다. 앞마당에 피어난 남쪽의 나무와 꽃들과 인사하며 바로 이 장소에서 사진을 찍는 것은 이 책방에서 해야 할 소중한 의례로 자리잡았다.

서점 경험이 풍부한 정도선 대표는 제주에 책방 '소리소문'을 열었다. '소리소문' 시즌 1은 70년 된 돌집에서 시작되었다. 기존에 있던 4개의 방을 활용해 4개의 테마로 책방을 구성했다. 2021년 말에는 제주 한경면 저지리 마을 안에 새롭게 자리를 잡고 귤 창고였던 건물을 개조해 시즌 2를 시작했다. 시즌 1에서는 책방 입구 옆에 오렌지 빛이 도는 긴 의자, 돌담 벽에 의자를 두어 책방을 찾아온 이들로 하여금 '인증샷'을 남길 수 있도록 했다. 시즌 2에서 역시 서점 밖에 '소리소문'이라는 이름과 더불어 사진을 남길 수 있는 스팟을 만들어두었다.

조금 거창하게 말하자면, '소리소문'과 '봄날의책방'은 이렇게 자신들만의 '시그니처 신'을 만들어간다. 이제 어딘가에 가고, 무엇인가를 보고 느끼는 것과 함께 빼놓을 수 없는 것이 인증이다. 양평이나 남양주 전망 좋은 카페에 가도 인증을 위한 시그니처 조형물이 있다. 동

생존을 향한 물음, 이미 시작한 작은 날갯짓

네책방하면 기억나는 작은 시그니처 신의 아이디어가 제주와 통영에 자리한 책방에 있다.

공간이 커지면 상징 작업의 규모도 커진다. 공도 많이 들어간다. 2018년 11월 오픈한 을지로 입구의 '아크앤북'ARC·N·BOOK은 서점과 레스토랑을 결합한 복합공간이다.* 라이프 스타일, 예술·문화 등 생활 전반을 아우르는 플랫폼으로 점심시간이나 퇴근 후 직장인들이 잠시 들러 책을 읽을 수 있는 라이프 스타일 제안형으로 만들어졌다. 태국식 레스토랑, 피자집, 탄탄면 맛집, 오래된 빵집, 프렌치 레스토랑 등 많은 음식점이 입점해 있으며, 대형 서점 분류 대신 일상, 주말, 스타일, 영감 등 4개 테마로 책을 분류하고, 굿즈를 함께 진열 판매한다. 생활소품을 판매하는 땡굴스토어도 있다.

'아크앤북'을 SNS에서 검색하면 가장 많이 등장하는 이미지가 있다. 책으로 만들어진 터널에서 찍은 사진이다. 책 터널 아이디어는 로스앤젤레스에 있는 '더 라스트 북스토어'The last bookstore에서 찾을 수 있다. 지역 명물인 이곳은 절판본이나 회귀서적 등을 포함한 중고서적을 진열하는데 이런 책 터널을 볼거리로 만들어두었다. '아크앤북' 역시 시그니처 신으로 책 터널을 이용하고 있다. '아크앤북'잠실점도 을지로

---

* '아크앤북' 시청점은 2021년 5월 '코로나19'로 인한 경기 침체를 이기지 못하고 폐점했다.

와 다른 방식으로 진화한 책 터널을 만들어 두었다. 대개 20~30대들은 지역에서 갈 곳과 볼 곳을 찾을 때 SNS를 이용하니, 이렇게 사진만 봐도 어딘지 알 수 있는 시그니처 신을 개발해 인증할 수 있도록 의도하는 것이다.

가고 싶은 이유가 떠오르는 동네책방은 즐겁다. 석촌호수 옆 '디퍼런트북숍'은 어린이 책방이다. 내가 이곳에 늘 가고 싶은 이유는, 어린이 책과 관련된 인형과 굿즈가 상당히 많기 때문이다. SNS에서 인형들 사진을 보고 홀리듯 방문해 거금을 쓰고 온 적이 있다. 성산동 '조은이책'은 오랫동안 출판업계에 몸담은 조은희 대표가 하나둘씩 모아온 피규어와 캐릭터 인형 천국이다. 20년 넘게 국내뿐 아니라 국외 출장길에 하나둘씩 사서 모은 인형들이 늘자 이를 공유하고 싶은 마음도 책방 창업을 부추겼다고 한다. 어린이 책과 관련된 캐릭터와 굿즈에 관심이 있는 이들에게는 특별한 곳이다.

2016년 오픈한 'B플랫폼'은 그림책을 좋아하는 사람 혹은 그림책 작가 지망생들의 성지다. 합정동 골목에 자리한 다세대 주택을 개조한 책방은 역시 방방마다 독립적인 테마로 구성했다. 그렇게 책방이자 전시장이자 워크숍 룸이 탄생했다. 일반적인 그림책과 더불어 아티스트 북을 유통하는 플랫폼 역할을 한다. 그림책 작가들이 신간을 출간하면 가장 먼저 북토크나 강연을 하는 곳이자 그림책 중독자들의 모임부터 팝업북 워크숍까지 다양한 강의가 열리고, 이수지, 고정순 등 작가 전시가 열리는 곳이기도 하다.

북파머시 콘셉트의 '사적인 서점'이 선보인 책싸개와 책가방 아이디어도 독자에게 특별한 의미를 느끼게 했다. 여기에서 책을 사면 고유한 책 싸는 포장지와 천으로 만든 책가방을 받을 수 있다. 한동안 책싸개는 임진아 작가가 방바닥에 누워 편안하게 책을 읽는 모습, 카페에서 커피를 마시는 모습 등을 그리고, 손글씨로 보르헤스의 말을 넣은 것이었다. 매우 특별한 포장지다.

"우리는 즐거움을 위해 책을 읽어야 해요."

'스타벅스'의 여름과 크리스마스 시즌 사은품을 받기 위한 충성심을 불러일으킬 정도는 아닐지라도 '사적인 서점'을 이용하는 독자를 알아주고 대우해주는 느낌을 준다. 정지혜 대표는 책싸개를 내놓으며 이렇게 말했다.

"이 예쁜 책싸개가 갖고 싶어 책을 사는 사람이 있다면 기쁘겠다."

결과는? 실제로 매출이 늘었다. 젊은 고객들은 어느 곳에 그냥 가지는 않는다. 그곳에서만 얻을 수 있는 서비스와 고유한 경험이 있을 때 더 반응한다. 무언가를 사는 일이 즐거워야 하고 가치 있다면 더욱 좋다. 자신이 누린 경험을 공유할 수 있어야, 가야 할 의미가 만들어진다. 몇 년 전부터 화젯거리가 된 특별한 굿즈 사랑, 줄 서서 구매하기, 레트로 열풍 등은 모두 쉽게 가질 수 없는 희소성 때문에 가치와 의미가 부여된 것들이다. 작은 동네책방이 이런 추세를 모두 따라할 수는 없지만 '나만의 책방'이 지닌 장점과 특별한 서비스를 쌓아가고 그 색깔을 지키려는 노력은 중요하다. 그것이 개성 있는 책방을 향한 첫걸음이다.

"동네책방은 질문을 이미 시작했고 나름의 답을 찾고 있다.
그렇게 움직이고 있는 곳에서 우리는 책방의
지속가능성을 점칠 수 있지 않을까"

동네책방이 과거와 달리 새롭게 보여준 것 중 또 하나가 바로 복합 책방이라는 모습이다. 책 말고 다른 것도 함께 판다. 책 판매만으로 얻는 수익의 한계를 극복하기 위해 별도의 수익원을 고민한 결과이기도 하다. 어떤 비즈니스 모델을 가져갈 것인가는 동네책방의 고민거리이자 운영의 어려움이기도 하지만 이 고민은 뜻밖에 독자로 하여금 그동안 책방에서 볼 수 없던 풍경을 만날 수 있게 했다.

동네책방에서 가장 많이 시도한 건 커피 등의 음료 판매를 겸하는 방식이다. 서양의 카페에서 문인, 예술가, 학자 들이 토론을 했다는 건 이미 알려진 이미지이기도 하고, 그것이 아니어도 책과 커피는 궁합이 잘 맞는다. '땡스북스'는 물론이고 '북바이북' 등도 모두 음료 판매를 겸했다. 책방 안에 카페를 들인 이런 방식은 가깝게는 일본의 책방들에서 자주 볼 수 있던 방식이다.

도쿄의 '카모메북스'는 공간의 앞쪽에 카페를 전진 배치했다. 진주의 '진주문고'도 1층 문을 열면 단정한 카페를 먼저 만날 수 있다. 이렇게 책방과 카페가 함께 있으면 장점이 확실하다. 입구의 카페에서 커피 냄새가 내부로 퍼지는데 이 향기가 분위기를 돋운다. 서점원은 대개 최소한의 응대를 한다. 필요할 때만 손님과 이야기를 나눈다. 하지만 카페는 아무래도 손님을 좀 더 친절하게 맞아주니 전체 분위기가 더 밝아진다.

그렇다고 카페나 음료 판매가 늘 정답일 수는 없다. 수익이라는 관점에서 보면 음료 판매는 여건을 고려해야 한다. '카모메북스'는 전체 매출에서 책이 65퍼센트, 잡화가 15~20퍼센트, 커피 등의 음료가 10~15퍼센트 정도를 차지했다. 홍대 시절 음료를 판매했던 '땡스북스'도 음료 매출은 그리 높지 않아 10퍼센트 정도였다. '땡스북스'의 매출을 좀 더 살펴보면 2017년 월 매출이 평균 4천여만 원이었다. 한 달에 3천여 권의 책을 판 결과다. 이중 음료 판매 매출액은 약 400만 원 정도로 전체 매출의 10퍼센트다. 한 달 매출 이익은 1,200만 원으로 매출의 30퍼센트 정도였다. 여기서 일반 경비를 제해야 하는데 임대료 600만 원과 인건비 600만 원을 지불*한다. 영업이익이 없다는 건 별개로 하고 중요한 건 음료 매출이 높지 않다는 점이다. 반면 음료를 담당하는 전담 직원이 필요하기 때문에 고정적으로 인건비를 지출해야 하는 부담이 생긴다.

'카모메북스'나 '땡스북스'보다 소규모였던 책방 '51페이지'**도 책과 음료(맥주 포함)를 판매했다. 전체 매출에서 음료의 비율은 50퍼센트로 꽤 높았다. 책방의 규모가 작을수록 매출에서 음료의 비중이 높아진다. 음료 판매는 책보다 이윤이 두 배는 높기 때문이다.

'땡스북스'는 합정역 인근으로 이사를 하면서는 아예 음료 판매를 접었다. 음료 전담 직원을 두지 않으니 인건비 부담이 줄고 수익률이 높아졌다. 이처럼 책방의 수익원은 유행처럼 따라할 것이 아니라 책방의 사정에 따라 달라져야 한다. 과천 '타샤의책방' 김현정 대표는 이렇게 토로했다.

---

* 「작은 서점의 지속 가능성」, 서울도서관, 2017. 11. 2.
**　지금은 문을 닫았다.

"카페와 책방 손님을 함께 챙기다보니 두 마리 토끼를 모두 놓치기 십상이었다. 과천 시내의 모든 카페가 꽉 들어차도 우리는 늘 비어 있곤 했다."

음료 판매 혹은 책방의 수익 모델은 모두 책과 어떻게 연결되느냐가 더 중요하다. 그는 이렇게 덧붙였다.

"자녀를 키우며 쌓은 경험을 토대로 학부모 눈높이에 맞는 각종 강좌를 개발해 지역 주민들과 유대를 강화하는 쪽으로 활로를 찾았다."

책방 내의 카페가 손해가 나더라도 운영해야 하는 경우도 있다. 일정 규모 이상의 중·대형 서점의 경우다. 중·대형 서점이 사랑방 역할을 하려면 사람들이 모일 수 있는 공간과 먹거리가 필요하다. 이런 필요를 제공할 수 있는 것이 카페 공간이다. 구미 '삼일문고'나 진주 '진주문고' 같은 규모의 서점에서는 손실이 있더라도 감수하고 카페를 운영해야 서점이 더 풍요로워진다고 판단한 듯하다. 카페가 비록 적자가 나더라도 서점의 규모 그리고 역할에 따라 탄력적인 운영이 필요하다.

물론 동네책방의 수익원에 대한 고민은 지금껏 생각하지 못한 완전히 새로운 비즈니스 모델을 만들기도 했다. 예를 들어 책방을 공간 비즈니스로 접근하는 사례다. '최인아책방'은 처음부터 공간 비즈니스로 접근한 사례다. 층고가 높은 공간을 선택해 그랜드 피아노와 책 사다리가 있는 럭셔리한 귀족의 서재 같은 분위기를 만들었다. 이곳에서 유료 강연과 콘서트 등을 진행한다. 때로는 공간 전체를 대여하기도 한다. 기업이나 출판사에 공간 자체를 빌려주는 것이다. 이 모델을 살짝 비틀어 유료 개인 서비스인 '혼자의 서재' 모델도 선보였다.

경복궁 영추문 근처에 자리잡은 '역사책방' 역시 규모는 작지만 공간 비즈니스를 염두에 두고 설계한 경우다. 백영란 대표는 IT 분야에서 오랫동안 직장생활을 했고 퇴직 후 역사를 키워드로 책방을 열며 공간과 콘텐츠를 서비스한다는 계획을 세웠다. 약 133제곱미터(약 40여 평) 규모에 곡선으로 만들어진 철제 계단을 오르면 만나는 다락방 같은 복층 공간에 8명 정도가 앉아 이야기를 나눌 수 있는 미니룸을 3개 만들었다. 실제로 인근 학교에 근무하는 교사 등이 소모임 장소로 공간을 활용한다. 책방 뒤편에는 8~9인이 회의하기 좋은 스튜디오 공간도 있다. 서가 안쪽에는 카페도 있다. 평소에는 카페로 사용하지만 여닫이 문이 있어 언제든 독립 공간으로 활용할 수 있다. 다락방과 스튜디오는 2시간 단위로 유료로 대여한다. 메인에 해당하는 홀 역시 문화공간으로 활용한다. 평균 주 1~2회 강연을 진행된다. 출판기념회 등 특별한 행사가 있을 때 전체 공간을 대여하기도 한다. 책방이라는 색다른 콘텐츠를 지닌 공간 자체를 비즈니스로 파악한 것은 흥미로운 사례다.

일산에서 오랫동안 서점을 해온 '한양문고'도 공간 비즈니스의 성공 사례. 2019년 8월 리모델링 공사를 끝내고 총 6개의 강의실과 스터디룸을 만들었다. 수용 인원 8명부터 40명까지 사용할 수 있는 다양한 공간을 마련하고 시간 단위로 대관한다. 홈페이지(hanyangbook.com/hall)를 통해 공간 안내를 받을 수 있고, 대관 예약을 할 수 있다. 40여 명 수용 가능한 한강홀은 대관뿐아니라 인문학 강의, 북토크, 영화 상영 등을 정기적으로 주최하는 문화공간으로도 사용한다. 2019년부터 한 달에 한 번 지역 기업인 '알뜨레노띠'와 함께 마련한 '진짜 인문학 강의'도 인기다. 2018년에는 일산 지역의 사회적협동조합, 교육 단체, 환경 단체 등이 공유 오피스로 입점하기도 했다. 2019년에는 독립된 작업 공간으로 사용할 수 있는 개인 서재도 오픈했다. 이제는 일산 지역 기업과 단체의 세미나, 워크숍, 설명회 등을 위한 장소 그리고 독서 모임을 포함한 각종 모임 장소로 활용되며 지역에 기반한 중·대형 서점의 새로운 역할 모델을 보여주었다.

일반적인 공간 대여까지 할 수 있으려면 규모가 뒷받침되어야 한다. 하지만 책방들은 대개 소규모 모임을 위한 작은 별도의 공간이 있는 경우가 많다. 이런 공간은 소모임 혹은 소규모 저자 행사용으로 활용가능하다. 문제는 공간을 사용했다면 책방에서 책을 구매하는 방식으로 서로 도와야 하는데 그렇지 않은 경우가 많다. 아예 공간 대여비를 책정하는 것이 대안이지만 이는 전적으로 책방 주인의 몫이다. BTS의 아버지 방시혁은 오래전 인터뷰에서 이런 말을 했다.

"음원시장은 더 이상 수익모델일 수 없다. 음원을 포기하는 게 세계적인 추세다. 콘서트와 굿즈goods와 인도어스먼트endorsement로 수익을 내야 한다. 그런데 아직 한국에서는 가수는 음악을 팔아야 하며, 그것이 진정한 가치라고 여기고 있다. 18~19세기에 누가 음악을 팔았나. 20세기 초까지도 음악이 아닌 악보와 공연을 팔았다."*

인도어스먼트는 홍보나 후원 같은 것으로, 기업들이 스포츠 선수를 후원하여 기업의 상품을 사용하게 하는 등의 계약을 말한다. 그는 이렇게도 말한다.

"공연이 잘 되면 인도어스먼트가 가능해지고 모든 광고가 공연과 함께 움직일 수 있다. 그리고 마지막이 굿즈인데, 이게 결국 수익 모델이 되어야 한다. 기반은 팬덤이지만 거기서 점차 넓어져야 한다."*

* 「방시혁 대표 인터뷰」, 웹진 『WEIV』, 2013. 7. 1.

생존을 향한 물음, 이미 시작한 작은 날갯짓

음반 판매와 책 판매를 동일 선상에 놓고 이야기하기는 힘들지만 가수가 가장 기본적으로 팔아야 한다고 생각했던 음원 외의 수익원을 고민하듯 동네책방은 책과 연결되어 부가가치가 생기는 수익원을 고민할 수밖에 없다. 그것이 공간일 수도 있고, 유료 프로그램이거나 음료 혹은 자체 제작 굿즈일 수도 있다. 역시 이 고민에도 정답은 없다. 하지만 동네책방은 이 질문을 이미 시작했고 실험을 통해 나름의 답을 찾고 있다. 그렇게 움직이고 있는 곳에서 우리는 책방의 지속가능성을 그래도 점칠 수 있지 않을까.

"책과 책방을 문화적 오브제로만 인식한다면,
책방의 이 아날로그성을 유행으로만 인식한다면
그 공간은 얼마나 오래 그 자리에 있을 수 있을까"

책방은 지극히 아날로그적인 공간이다. 여전히 책방하면 자동으로 떠오르는 정적인 이미지가 있다. 디지털 시대 이런 이미지는 낡은 것이

* 같은 글.

아니라 새로움이기도 하다. 전통 서점의 모습이 고집스레 보였다면 도리어 이제는 종이책을 파는 책방에서 묘한 향수를 느낀다. 마치 자동차 정비소, 철물점, 수제화 가게 등이 모여 있는 성수동 같은 동네가 뜨는 것과 비슷한 측면이 있다. 소비자에게 아날로그 감성을 일깨우는 것이 오히려 최첨단처럼 여겨지는 시대에 책방만 한 향수의 공간이 없다. 새로운 방식의 동네책방이 수면 위로 떠오르자 디지털 시대를 맞아 변화한 책의 위상, 책방의 역할을 역으로 이용한 책방들이 있다. 그 중 하나가 책과 책방을 문화적 오브제로 인식하는 태도다.

이런 소비 트렌드를 재빨리 받아들인 건 대규모 자본이고, 이들이 투자한 복합문화공간은 아날로그 책방의 매력을 효과적으로 활용한다. 책방이 지닌 아날로그적 감수성이 전체 공간에 미치는 시너지 효과가 있기 때문이다. 젊은이들에게 큰 인기를 얻은 '사운즈 한남'에는 '스틸북스'가 있다.* 부산 기장의 '아난티 코브'는 규모가 큰 휴양 시설이다. 바닷가 작은 마을을 연상시킨다. 2017년 오픈해 단박에 유명해진 이곳에도 '이터널 저니'라는 책방이 있다.

책방이 지닌 사업성은 살펴본 것처럼 짐작 가능하고 한계도 뚜렷하다. 그럼에도 복합문화공간이 만든 라이프 스타일 제안형 책방에 넓

---

* '스틸북스'는 2021년 5월 폐점했다.

은 공간을 할애하고 고급스러운 분위기를 부여한 건 책 판매 이외의 부가가치를 기대할 수 있기 때문이다. 일상적으로 책을 가까이했던 시절 책방은 생활의 한 부분이었다. 지금은 그런 때가 아니다. 독자는 책방에 '책을' 보러 가지 않고 '책도' 보러 간다. 일본 '쓰타야'의 라이프 스타일 제안형 편집매장은 이 점에서 독자들에게 접근 가능한 책방의 모델을 보여 주었다. 책과 소원해진 독자도 책방에 잠시 들러 다양한 체험을 하고 '책도' 만날 수 있다. 독자가 책방으로 오기를 기다리지 않고, 독자 속으로 책방이 들어간 것이다.

책방은 상업적 공간이지만 보기 드물게 열린 공간이다. 몇몇 매장을 제외한다면 모든 상업 공간에서 판매원은 손님을 응대한다. 그러나 책방은 손님 접대 즉 접객接客이 거의 없다. 다른 업종처럼 판매원이 "무얼 찾으세요?"라고 즉각적으로 물으며 응대하지 않는다. 서점원은 비교적 무심한 편이다. 손님이 들어와도 잘해야 간단한 인사 정도다. 손님이 책을 찾거나 물어볼 경우에만 최소한의 대화를 나눈다. 어지간해서는 손님을 귀찮게 하지 않는다. 고객 입장에서 책방은 드나들기 부담스럽지 않고 눈치도 보이지 않은 곳이다.

아주 작은 약 33제곱미터(약 10여 평) 규모의 책방이야 서로의 숨소리까지 들리니 어쩔 수 없지만 이 경우라도 다른 매장에 비하면 부담이 적다. 심지어 고객이 책방에 서서 혹은 앉아서 실컷 읽고 책을 사지 않아도 드러내놓고 타박하지 않는다. 중·고등학교 시절 매일 출근하다시피 책방에 가서 한 권의 책을 조금씩 다 읽은 적이 있다. 젊은 날 김용택 시인은 책방에 종일 서서 책을 읽었더니 책방 여직원이 아예 의자를 내주더라고 술회한 적도 있다. 카페에서, 빵집에서 이렇게 상품을 다 마시고 먹은 뒤 그냥 나올 수는 없다.

책방은 집으로 가는 길에, 근처를 지나다 아무 부담 없이 그냥 들를 수 있는 곳이다. 이런저런 책을 보고 독자는 분명 크건 작건 얻는 게 있지만 그것에 대해 돈을 지불하지 않아도 된다. 자본주의 세계에서 이토록 편한 마음으로 잠시 머물다 갈 수 있는 곳이 있다면 책방뿐이다. 복합 쇼핑몰 안에 책방이 생기는 이유는 바로 이 개방성 때문이다. 리테일retail 비즈니스에서 가장 중요한 것은 모객이다. 일단 사람이 와서 머물러야 물건을 팔 수 있다. 우리나라 백화점들도 일본의 영향으로 한때는 꼭대기 층에 대부분 서점이 있었지만 모두 사라졌다. 공간 대비 수익률을 따지면 분명 손해이기 때문이다.

그런데 '롯데백화점', '신세계백화점', '현대백화점' 등에서 갑자기 책방을 핵심 공간으로 배치하기 시작했다. 지금껏 쇼핑몰이나 할인 매장은 상품으로 가득 찬 거대한 공간이었다. 이제 이런 공산품으로 가득 찬 판매 공간은 고객에게 어떤 차별화도 안겨주지 못한다. 도리어 고객이 떠난다. 이 고루한 공간을 살릴 수 있는 방법 중 하나로 자본이 주목한 것이 책방이다. 거의 모든 구매가 온라인으로 이동하고 비대면 구매가 보편화되면서 오프라인 매장은 매출이 하락하는 위기에 직면했다. 오프라인 매장으로 다시 사람을 불러올 수 있는 방법 중 하나로 개방성이 좋은 책방에 착안한 셈이다.

'현대백화점' 판교점은 주차장과 바로 연결한 약 1,060여 제곱미터(약 320평) 규모의 공간에 '교보문고'를 입점시켰다. 독자가 편히 앉아 책을 읽을 수 있는 140개의 좌석도 마련했다. '신세계백화점' 강남점, 김해점, 의정부점, 대구점 등에는 '반디앤루니스'가 들어와 있다. 책 읽는 좌석과 키즈존 등을 마련해 독자가 머무는 공간을 만들었다. 백화점을 포함한 복합쇼핑몰은 '쇼핑' 말고 다른 경험이 필요하고 책방이 이 역할을 하고 있다.

어린이 책방이 새로워진 것도 흥미롭다. 과거 우리나라에서 잠시 생겼다 거의 사라진 어린이 전문 책방처럼 소박한 공간이 아니다. 아이들에게 최고로 멋지고 좋은 경험을 안겨주고 싶다는 부모의 마음을 충족시킬 만큼 남다른 공간이다. 2019년 1월 '사운즈 한남' 지하 1층에 '스틸로'(Stillo.co.kr)가 문을 열었다.* 약 330제곱미터(약 100평) 남짓한

---

* '스틸로'는 2020년 5월 사운즈 한남점의 문을 닫고 '현대백화점' 압구정점 지하 2층에 문을 열었다.

공간에 총 2,500여 권의 그림책이 있는 유료 책방이었다. 1일 이용권을 구매해야 책을 볼 수 있었다. '롯데백화점'도 잠실점과 수원점에 키즈북 스토어 '동심서당'을 열었다. 어린이 책은 물론 유럽식 교구업체 '하바', 유아 영어교육 '애플리스', '대교 키즈잼' 등 유아 아동 교육 브랜드가 함께 입점했다. 고객들은 이곳에서 어린이 책뿐 아니라 영어책, DVD, 태블릿 e북을 체험할 수 있고 구매할 수 있다. 2015년 8월 '현대백화점' 판교점에 문을 연 '현대어린이책미술관'은 이런 흐름을 앞서 시도한 사례다. 그간 데이비드 위즈너, 앤서니 브라운, 칼데콧이 사랑한 작가 등 굵직굵직한 유료 전시 프로그램을 진행했고, 가족, 모험, 약속 등 75개의 주제어에 따라 분류된 4,500여 권의 책이 진열되어 있어 마음껏 읽을 수 있다. 아이들이 뛰어다닐 수 있는 도서관이자 아름다운 공간 디자인도 볼거리여서 남다른 체험을 중시하는 젊은 부모에게 매력적이다.

젊은 부모 세대 중 80퍼센트 이상은 대학교육을 받았고 성장기 내내 입시 경쟁에 시달렸다. 이들은 사교육을 통해 경쟁에서 이기듯 육아도 최고로 좋은 육아용품을 사서 해결하고 싶어 한다. 육아에 대한 수고를 완벽한 육아 관련 아이템으로 덜어주는 산업이 성업 중이다. 예컨대 이런 말이 가능할 정도다.

"키즈 카페는 아이들이 아니라 엄마 아빠를 위한 곳"*

새롭게 생겨난 어린이 책방은 책뿐 아니라 아이들을 위한 자체 프로그램을 제공하고 부모의 욕망을 실현해주는 것으로 진화하고 있다.

본질적으로 복합문화공간에 위치한 책방은 책방이 간직한 아날로그적 가치를 이용해 더 큰 부가가치를 만들어낸다. 책방의 본질에 충실하기보다는 책을 오브제로 활용한다. 2017년 5월 '신세계'가 '코엑스몰'의 새로운 운영자가 되며 선보인 '별마당 도서관'이 대표적이다. 쇼핑몰 중앙 광장에 13미터 높이의 대형 서가 3개를 배치한 형태다. 높은 천장까지 책으로 가득 채워진 서가가 압도적인 조형미를 자랑한다. 일본 다케오 시립 도서관이 '별마당 도서관'의 모델이라고 알려져 있다. 다케오 시립 도서관은 '쓰타야' 서점이 위탁 경영하면서 명소가 된 곳이다.

'별마당 도서관'은 어느 곳에서 찍어도 환상적인 사진이 나오는 장소로 입소문을 탔다. 볼거리와 찍을 거리가 생기자 코엑스몰 자체의 유입 인구가 크게 늘었다. 이는 입점 상점들의 매출 상승으로 이어졌다. '별마당 도서관'이 화제를 몰고 온 이후 책을 꺼내 읽을 수 있는 살아 있는

* 『2020 트렌드 노트』, 염한결 외, 북스톤, p168.

서가가 아닌, 오브제로 만들어진 서가는 새로운 인테리어 공식처럼 퍼졌다.

종이책으로 가득한 아름다운 도서관이나 책방에 가면 몸과 마음이 정화되는 느낌이 든다. 보르헤스의 말처럼 천국에 온 듯 고요하고 평안하다. 이런 느낌을 강조한 곳이 부산 '아난티 코브'의 '이터널 저니'다. 몇 년 사이 유행한 호캉스에서 알 수 있듯 호텔이나 리조트는 단순한 숙박지 이상이다. 그 자체가 목적이다. 하지만 하루 종일 호텔에서 무엇을 할 것인가. 지상에서 누릴 수 있는 최고의 휴식에 책만 한 파트너가 없다. 호텔 내부 라운지에 책을 장식하는 걸 넘어 '이터널 저니' 같은 규모가 큰 도서관이자 책방 공간을 만들어 공간 가치를 극대화한다. 책으로 누릴 수 있는 최고의 호사를 부릴 수 있다는 것만으로도 휴양 공간의 품격은 달라진다.

복합문화공간이건 라이프 스타일 책방이건 고루한 정체성을 일거에 혁신하고 잠시 머물고 싶은 공간으로 옷을 갈아입었다는 점에서는 옳다. 다만 자본이 투여된 이런 트렌드 책방은 언제든 대체 가능하다는 점이 우려스럽다. 우리는 모두 유행이 재빠른 시대를 살고 있다. 무엇이 되었거나 눈에 띄는 것이면 금세 비슷한 공간이 사방에 우후죽순으로 생겨난다. 하지만 새로움의 매력은 금세 사라지고 어느덧 매출이 내리막길을 걷는다. 비즈니스 속성이니 당연하지만 복합문화공간 속의 책방도 언제든 비슷한 운명에 처할 수 있다. 이런 공간에서 책과 책방은 도구일 뿐, 궁극적으로 책을 활용한 다른 부가가치의 창출이 목적이다. 하지만 모두 알고 있듯이 책방은 단기간에 급격한 매출 상승을 보장해주지 않는다. 복합문화공간 안에 책방을 넣은 이들이 트렌드에 급급하는 순간 책방의 본질은 쉽게 사라지고, 용도는 간단히 폐기된다. 한동안 복합문화공간의 공식처럼 여겨졌던 카페+레스토랑+책방+베이커리+잡화 매장의 공식은 이미 책방 대신 전망과 식물처럼 휴식을 더 강조하는 콘셉트로 변화를 시작했다. 이 변화의 속도에 이미 자리를 잡은 책과 책방은 어떻게 될 것인가.

반면 책방이 지닌 아날로그성에 지극히 충실한 공간도 우리 곁에 있다. 연희동 '밤의서점'은 작은 동네책방이지만 아날로그 책방의 분위기를 오롯이 간직하고 있다. 이곳에는 없는 것이 많다. 페이스북 페이지도 없다. 커피도 팔지 않는다. 포스POS 단말기도 없다. 유선 전화도 없다. 대신 공동대표 두 사람은 '밤의서점'의 색깔, 그 아날로그성을 지키고 있다. 작은 책방들이 대개 아기자기한 공간을 꾸미는 것에 전력을 쏟는 데 비해 '밤의서점'은 외부와 차단된 공간이라는 특징을 소중하게 여긴다. 직장도 집도 아닌 제3의 공간, 일상에서 빠져나와 아무 방해도 받지 않고 오롯이 나 자신으로 존재할 수 있는 공간을 꿈꾼다. 책방에 처음 간 사람들은 비밀스러운 성소聖所를 발견한 듯한 기분마저 든다.

이런 분위기는 '밤의서점'이란 이름에 어울리는 동굴 같은 공간 구성도 한몫을 한다. 책방 안에 이동식 서가가 여러 겹 레이어처럼 세워져 있어 독자가 문을 열고 서가를 지날 때마다 마치 동굴로 들어가는 듯한 구조가 펼쳐진다.

'밤의서점'은 독자들에게 즉각적인 서비스를 제공하기보다는 약간의 수고를 권한다. 수고를 치러야 기쁨을 만날 수 있는 아날로그 가치에 기반한 서비스인 셈이다. '고백서가'는 책방에서 책을 고른 후 고백하고 싶은 상대에게 편지를 쓰면 '밤의서점'이 대신 배달해주는 서비스다. '생일 문고'도 있다. 일본의 마루노우치 리딩의 'Birthday Bunko'에서 아이디어를 얻은 것으로, 책등에 적힌 작가의 생일만 보고 구매하는 블라인드북 서비스다. 원하는 날 태어난 작가의 책을 고르는 것인데 어떤 책인지 누구의 책인지 모르고 구매하므로 얼마든지 마음에 들지 않는 작가가 나올 수 있다. 그래도 교환과 환불을 해주지 않는다. 오픈 때부터 시작한 필사 노트도 있다. 책방에 오는 고객 모두가 쓰고 싶은 만큼 필사할 수 있는 노트다. 또 옛날 도서관 카드처럼 생긴 손으로 쓰는 회원 카드에 이름과 연락처 외에 좋아하는 작가와 자신을 표현하는 세 단어를 써야 회원가입이 된다. 서가 어딘가에 점장 일기도 숨겨뒀다. 이런 아날로그 감수성 때문인지 왠지 신용카드를 쓸 수 없을 것도 같다.(물론 사용할 수 있다.) 와서 사진만 찍고 가려는 독자는 절대 환영하지 않는다. 어둠이 내리고 책방의 불이 켜지면 독자는 발소리를 죽이고 조용히 찾아든다. 때로는 불편함이 우리를 평안케 한다.

●

"중형 서점 리뉴얼은 지역 거점 서점으로서 색깔을 보여주기 위한 노력이자 새로운 도약의 의지로 보인다"

한때 지역의 도시마다 약 330~830제곱미터(약 100~250평) 사이의 중형 서점들이 있었다. 1980년대 사회과학 서점을 하며 훈련된 인력과 사회적으로 축적된 자본 덕에 1990년대 초반에 중형 서점이 많이 생겼다. 1996년 은평구에 생긴 '불광문고'도 전형적인 중형 서점이다. 최낙범 대표는 당시 지역 이름을 따서 책방 이름을 짓는 게 유행이었다며, 그때는 '장사가 그런대로 됐다'고 술회한다.*

　지역의 중형 서점은 참고서나 잡지 총판을 겸한 곳이 많았다. 즉 도소매를 겸해 영업을 했다. 이들은 참고서나 잡지를 공급하는 도매상 역할을 하며, 소매로 단행본도 판매했다. 참고서나 잡지 판매가 경쟁력

---

* 『탐방서점』, 금정연·김중혁, 프로파간다, 2016.

이 있었고 단행본도 호시절이라 이 무렵 서점을 했던 이들은 돈도 벌었고 건물을 소유한 지역 유지로 성장하기도 했다. 그 시절은 공공도서관 인프라도, 문화체육센터 같은 사회복지 시설도 없었다. 지역의 중형 서점은 일반 시민들이 문화적 갈증을 해소할 수 있는 유일한 공간이었다. 충주 '책이있는글터'나 대전 '계룡문고' 등은 지역에서 이런 역할을 오랫동안 꾸준히 해왔고, 그래서 살아남았다. 1990년대 무렵부터 자리를 지켜오고 있는 중형 서점을 만난다면 꼭 책 한 권을 사길 바란다. 책의 사회적 가치를 깨닫고 지역 사회에 뿌리를 내린 대단한 곳들이다.

대개 시작은 '생계형'이었다. 물론 어떤 일이나 생계의 수단이다. 이익을 추구하지 않고 할 수는 없는 일이다. 하지만 앞서 살핀 것처럼 책방에는 매우 독특한 이중성이 있다.

'책은 상품이자 문화.'

이것이다. 희한하게도 책을 오로지 생계의 수단이자 상품으로만 취급했던 곳들은 오래 살아남지 못했다. 이전과 다른 동네책방의 등장은 기존 서점업계에 강력한 자극이 되었고, 새로운 바람을 불어넣었다. 이를 단적으로 보여 주는 현상이 전통을 자랑하는 지역 중형 서점들의 리뉴얼이다.

생존을 향한 물음, 이미 시작한 작은 날갯짓

중형 서점의 리뉴얼은 확실히 새로 생긴 동네책방으로부터 자극받은 바가 크다. 지금껏 살아남았지만 앞으로 살아남으려면 현재에 안주하면 안 된다는 각성이 일었다. 리뉴얼 작업은 작은 동네책방도 아니고 그렇다고 대형 체인 서점도 아닌 지역의 거점 서점으로서 색깔을 보여주기 위한 노력이자 새로운 도약의 의지로 보인다.

선도적으로 리뉴얼 작업을 시도한 곳 중 2015년 속초 '동아서점'을 꼽을 수 있다. 뒤이어 2017년 12월 약 3,000제곱미터(약 900여 평) 규모를 지닌 안산 '대동문고' 사동 본점이 리뉴얼을 마쳤고 2018년 1월에는 속초 '문우당서림'이, 2018년에는 '진주문고'와 '불광문고'까지 리뉴얼 작업을 끝냈다.

1956년 서점 겸 문구점 '동아문구사'로 시작한 속초 '동아서점'은 지속적인 매출 감소로 문을 닫을 위기에 처하기도 했지만 리뉴얼을 마치고 전국적인 유명세를 얻었다. 김영건 대표는 리뉴얼 후 자신의 책 『당신에게 말을 건다』를 출간했다. 이 책을 통해 3대째 대를 이어 서점을 하는 스토리를 소개하며 '동아서점'은 속초의 명물로 거듭났다.

속초의 또 다른 오래된 서점 '문우당서림'도 비슷한 과정을 겪었다. 1984년 이민호 대표는 약 33제곱미터(약 10평)이 채 안 되는 '문우당서림'을 시작한다. 2002년에는 약 660제곱미터(약 200평) 규모로 확장 이전도 했지만 역시 매출이 곤두박질치며 벽에 가로막힌다. 그는 디자인을 공부한 딸에게 도움을 요청했다. 현재 '문우당서림' 총괄 디렉터로 일하는 이해인 씨가 속초로 내려와 2017년 로고 디자인부터 건물 내·외부까지 새롭게 디자인하고 리뉴얼 작업을 진두지휘했다. '문우당서림' 매거진 『마음. 이음. 다음』에서 이민호 대표는 이렇게 마음을 밝혔다.

"새로운 모습의 '문우당서림'은 어쩌면 그저 멀끔한 '새 옷'이 아닌 우리에게 '잘 맞는 옷'을 찾는 과정의 결과이며 '지역에 필요한 서점'이 되겠다는 뜻이기도 하다."

리뉴얼을 마친 '진주문고'는 '쓰타야'를 흉내 내지 않고 지역에 기반한 서점의 역할과 색깔을 구현하려고 노력했다. 디자이너 정병규가 작업한 로고 디자인부터 이곳만의 색깔을 만들어간 모습이 한눈에 보인다. 1층 가장 넓은 자리에 배치한 어린이 책 코너나 지역 출판물 서가, 획일적으로 네모반듯한 서가를 배치하지 않고 청소년 책이나 문학전집 등 독립 서가를 흥미로운 조형물로 설치한 것 등 세심한 편집력이 돋보였다.

그동안 문을 닫는다는 소식만 들리던 중형 서점이 새로 문을 열기도 했다. 이미 몇 차례 언급했듯 2016년 8월 약 230제곱미터(약 70평) 규모를 지닌 복층 구조의 '최인아책방'이 선릉역 부근에 자리를 잡았고, 2017년 5월에는 구미에 지상과 1층을 합쳐 820여 제곱미터(약 250평) 규모의 중형 서점 '삼일문고'가 탄생했다. 이후 구미역사에 있던 '춘양당서점'마저 문을 닫자 2021년에는 서점의 1층 공간을 좀 더 확장하고 2층을 학습관으로 새롭게 만들어 규모를 넓혔다. 이로써 '삼일문고'는 총 1,320제곱미터(약 400평) 크기의 경북 최대 규모의 서점으로 재탄생했다. 2017년 12월에는 춘천에 '데미안'이 문을 열었다. '데미안'은 약 4,600제곱미터(약 1,400평)이 넘는 규모에 카페, 베이커리, 근현대문예지 전시실, 미술갤러리, LP음악감상 공간 등까지 함께 갖추었다. 이전까지 이 건물에서 한 달 월세만 6,300만 원이 들어왔다고 한다. 춘천의 옥생산 기업인 '옥산가'의 김현식 대표가 마음을 먹었기에 가능했다. 2018년 11월 을지로입구역 부근에는 '쓰타야'의 한국 버전이라고 불리는 '아크앤북스'가 생겼고 2018년 12월에는 강릉에 '고래책방'이 들어섰다. 이렇듯 중형 서점들의 리뉴얼과 창업은 새롭게 탄생한 동네책방이 독자뿐 아니라 기존의 서점 종사자들에게도 자극을 주었으며, 이로인해 책과 서점에 대한 이미지를 완전히 바꾸는 계기가 되었음을 시사한다.

"색깔이 다른 책방들이 서로를 존중하고
예의를 지켜나가는 것, 책방의 연대는
이것으로부터 시작하면 좋겠다"

이제 서울뿐 아니라 속초, 춘천, 강릉 같은 도시에서는 다양한 층위의 책방을 만날 수 있다. 1990년대 무렵과 하나도 달라진 점이 없는 옛날 그 모습 그대로의 중형 서점이 있는가 하면, 고급스럽고 감각적인 인테리어와 굿즈, 큐레이션 서가와 베이커리 등으로 무장한 새로운 중형 서점도 만날 수 있다. 여기에 대형 서점의 지점도 있고, 자기 색깔이 뚜렷한 작은 동네책방까지 있다.

　신촌·홍대·합정 지역을 들여다보면, 우선 전통의 '홍익문고'가 신촌 로터리에 있지만, '영풍문고' 홍대점, '북스리브'로 홍대점, '교보문고' 합정점 같은 대형 서점 지점도 생겨났다. '예스24'와 '알라딘'의 중고서점도 문을 열었다. 여기에 동네책방의 원조인 '땡스북스'도 있고, '셀럽'의 책방이자 카페인 '책발전소'도 있고 '카사미아' 1층에 있는 콜라보 책방 '북티크'도 있다.

　일정 지역에 책방이 많아지면, 특히 대형 서점이 새로 들어오면 인근 책방은 매출에 영향을 받는다. '홍익문고'는 '알라딘' 중고서점이 신촌에 생기자 단박에 매출이 20퍼센트 정도 떨어졌다. '땡스북스'도 '교보문고' 합정점이 들어서자 매출이 반토막 가까이 줄었다. 지근거리에 책방이 자꾸 생겨나 매출에 영향을 받으면 상대를 탓하기 마련이다. 갑자기 대형 서점이 들어오면 맥없이 문을 닫을 수도 있으니 신경이 곤두선다. 동네책방 전성기라고는 하지만 시장의 파이가 아주 작은 책방 생태계는 자칫 분란이 생기기도 쉽다.

본질적으로 지역에는 다양한 서점이 필요하다. 참고서부터 인문서까지 구입할 수 있는 중형 서점도, 책과 멀어진 독자를 끌어들이고 읽기 네트워크를 만들 수 있는 작은 동네책방도 필요하다. 어린이 책을 특화해서 취급하는 전문 책방도, 독립출판물만을 판매하는 곳도 필요하다. 독자 입장에서 한 지역에 다양한 서점이 생기는 건 환영할 만한 일이다. 하지만 먼저 전제되어야 할 것이 있다. 무엇보다 공정한 룰이 적용되어야 한다. 여기에 자신만의 색깔을 유지하고 그 다양성을 보존하려고 노력할 때 책방은 많을수록 좋다. 다양한 공존이 가능하려면 제로섬 게임이 아니라 상생을 염두에 두어야 한다. 물론 말은 쉽지만 실천은 어렵다.

다행스럽게도 이를 잘 실천한 사례를 찾아볼 수 있다. '땡스북스'는 독립출판물을 취급하지 않는다. 초기에는 팔았지만 독립출판물을 전문으로 다루는 책방들이 인근에 많기 때문에 곧 중단했다. 독립출판물을 찾는 독자가 있다면 다른 곳으로 안내한다. '고요서사'는 해방촌에 자리잡으며 가까운 거리에 있는 책방들과 함께 기획하며 시너지 효과를 얻었다. 차경희 대표의 말이다.

"'스토리지북앤필름', '별책부록'과 함께 한 달에 한 번 첫 번째 수요일마다 밤 12시까지 연장 영업을 해서 평소에 오지 못하던 야근족 손님들이 찾아올 수 있게 하는 소소한 이벤트를 진행했다. 두 책방의 제안으로 시작된 '해방촌 심야책방'이라는 행사다. 아직은 이런 자연스러운 연대, 그리고 서로의 책방 콘셉트를 존중하며 취급하는 서적이 크게 겹치지 않게 조정하는 상생이 내가 취할 수 있는 행동의 최선이라고 생각하고 있다."*

그렇다고 작은 동네책방에게 무턱대고 상생과 공생을 요구할 수도 없다. 다만 색깔이 다른 책방들이 서로를 존중하고 자연스러운 연대를 할 수 있을 만큼의 예의를 지켜나가는 것, 책방의 연대는 이것으로부터 시작하면 좋겠다. '책방이음' 조진석 대표가 동네책방 주인들에게 당부하는 말에도 귀를 기울일 필요가 있다.

* 「작은 서점 운영자의 고민과 선택」, 차경희, 『책방산책-서울』

"작은 책방을 생태계의 한 부분으로 이해했으면 한다. 종종 작은 책방을 혼자 머무는 작업실이나 공간으로 생각한다. 혼자 하는 책방이라고 생각하지 여럿이 하는 책방으로 접근하지 않는다. 작은 책방 주인은 무작정 책만 좋아해서는 안 된다. 책은 만드는 사람, 유통하는 사람, 사는 사람이 있다. 이 관계망 속에서 책방을 운영하고, 책방 주인은 어떤 역할을 하고, 어떤 걸 잘 할 수 있는지 자신의 위치를 잡아 연결을 북돋을 수 있어야 한다. 그 고민이 먼저다."

동네책방이 지금껏 보여준 실험만으로도 의미는 충분하다. 이 실험이 과연 어떤 결과를 낳을지 아직은 알 수 없다. 다만 이러한 시도와 실험이 자본과 디지털로 가득해 보이는 이 시대. 책과 책방이 죽지 않고 새롭게 거듭나는 데 지렛대가 되어줄 것임은 분명하다.

지속가능한
내일을 향해
나아갈 때

"혼자 읽던 책을 함께 읽는 세상이 되었다.
오늘 우리의 책방은 미래의 독자를 만들기 위해
어떻게 노력할 것인가. 동네책방이 나아갈 방향은 하나다.
사적인 비즈니스이지만 공공적 역할 또한 수행하는 것.
그것이야말로 동네책방의 생존을 가능케할 길이 아닐까."

**"책방만큼 트렌디한 산업도 없다. 그 안의 책들은 계속 변화한다.
내부 풍경은 매일매일 달라진다"**

동네책방은 그 자체로 놀라움이자 희망이지만 완성형은 아니다. 책방은 살아 움직이는 책 생태계의 일부분이기 때문이다. 제2차 세계대전에 비견될 만큼 근본적인 변화를 몰고 올 것으로 예측되는 '코로나19' 이후 책방의 모습은 또 달라질 것이다.

"코로나로 온라인과 오프라인 간 유통 전쟁이 사실상 끝났다."

이런 말이 자연스럽게 나올 만큼 산업과 소비자의 구매 패턴이 달라진다면 동네책방 역시 큰 영향을 받을 수밖에 없다. 지금까지가 동네책방의 실험적 탄생기였다면 미래의 동네책방은 어떤 모습이어야 할까. 그러기 위해 먼저 책과 책방의 본질에 대해 다시 한 번 돌아볼 필요가 있다. 미래의 책방이 어떤 모습일지, 이를 위해 오늘의 우리는 무엇을 해야 할지에 대한 답은 바로 거기에서부터 찾아야 하지 않을까?
책방 하면 먼지가 켜켜이 쌓인 책들의 숲, 아주 긴 시간 동안 붙박여 한자리를 지키는 오래된 공간처럼 정적인 모습이 먼저 떠오른다. 하루가 멀다 하고 인테리어를 바꾼 가게가 생겨나는 현실에 비해 책방은 변화가 적은 정체된 공간으로 여겨질지도 모른다.

그러나 아니다. 출판이나 책방만큼 트렌디한 산업도 없다. 공간은 동일해도 그 안의 책들은 계속 변화한다. 계절마다 신제품이 나오는 일반 상품과는 비교할 수도 없을 만큼 새 책이 계속 들어오고, 이에 따라 내부 풍경은 매일매일 달라진다. 일본 'B&B' 공동 창업자 시마 고이치로는 이렇게 단언한다.

"어제의 책방은 다시 볼 수 없다."

동의한다. 책방의 일이란 한마디로 계속 들어오는 새 책을 어떤 방식으로 어디에 진열할지를 고민하고 배치하는 것이다. '현재 시점에서 최고의 서가를 만드는 것'이 서점인의 역할이다. 이 작업을 조금만 게을리 해도 공간은 바로 정체된다. 그러니 세상의 거의 모든 책방은 쉼 없이 책을 새로운 방식으로 조합하여 배치하는 가장 오래된 편집매장이다.

'이터널 저니', '스틸북스', '아크앤북스' 등 라이프 스타일 제안형 책방들은 책과 어울릴 만한 제품을 함께 배치하는 편집매장이다. '쓰타야'에서 촉발한 이 형식이 마치 새로운 책방의 전형처럼 떠받들어졌다. 엄밀히 말해 이곳만 그런 건 아니다. 과거부터 지금까지 모든 책방은 언제나 편집매장이었다. 지금껏 책방이 책의 세계 내부에 머물렀다면 라이프 스타일 제안형 책방은 그 영역을 책 바깥으로 확장했을 뿐이다.

라이프 스타일 제안형 편집책방이 가능한 것은 책이라는 존재가 그만큼 연결성이 높기 때문이다. 책은 어떤 상품과도 맥락을 만들 수 있다. 맥락에 따른 큐레이션이 무궁무진하게 가능했던 것도 이런 연결성 때문이다. 세상에는 정말 다양한 종류의 책이 있다. 문학, 역사, 철학 같은 전통적 인문학 범주에 드는 책뿐 아니라 빵 굽는 법부터 화장하는 법, 커피 내리는 법, 실연을 극복하는 법, 꽃꽂이하는 법, 크로아티아 여행 안내서, 어린이를 위한 팝업북과 놀이 책까지 정말로 없는 책이 없을 만큼 세상에는 책이 많다. 책만큼 모든 분야를 다루는 콘텐츠는 없다. 고로 세상에 존재하는 거의 모든 것은 책과 연결될 수 있다. 우치누마 신타로 역시 『앞으로의 책방 독본』에서 책방의 확장을 말한 적이 있다. 책방은 책을 파는 곳이다. 하지만 책과 맥락이 닿는다면 어떤 것이든 팔 수 있다.

천체 사진가인 권오철이 캐나다 옐로나이프에서 오로라를 찍은 사진을 담은 책 『신의 영혼 오로라』를 읽은 적이 있다. 이 사진집 때문에 버킷리스트에 오로라 보러 가기가 추가되었다. 이처럼 책을 잘 읽으면 마음속에 파문이 인다. 이런 사람들을 위해 책방에서 무언가를 할 수 있다. 가장 손쉬운 것이 편집 진열이다. 예를 들어 『신의 영혼 오로라』

옆에는 오로라를 기다리는 것으로 여행을 시작하는 빌 브라이슨의『발칙한 유럽산책』과 꼭 하고 싶은 여행을 미루지 않고 혼자 떠나는 마스다 마리의『마음이 급해졌어, 아름다운 것을 모두 보고 싶어』를 함께 진열할 수 있다.

여기서 좀 더 나아가도 좋다. 맥락이 이어지는 여행 책만이 아니라 여행용품을 함께 팔아도 좋다. 라이프 스타일 제안형 편집책방의 방식이다. 책 속의 여행지와 관련된 여행 상품을 팔 수도 있다. 아예 여행 작가를 꿈꾸는 이들을 위해 사진 강습이나 글쓰기 프로그램을 제공할 수 있다. 이런 식으로 확장하면 책방에서 함께 진열하고 팔지 못할 것이 없다.

무엇이든 책과 연결해 본다. 책과 자동차, 책과 가구, 책과 운동처럼 좀처럼 책과 어울린다고 생각하지 못했던 것들도 맥락을 만들 수 있다면 가능성이 생긴다. 책방은 종이책을 넘어 모든 콘텐츠를 다루는 곳으로 무한 확장된다. 우치누마 신타로는 책방의 정체성을 유지하되 변화를 모색하는 이런 방법론을 '책방 곱셈론'이라고 말한 바 있다.

이런 연결성을 책방 바깥으로 넓히면 이번에는 책방과 일반 매장의 콜라보레이션을 시도할 수 있다. 연결성이 좋은 책은 가구, 의류, 음반, 레스토랑, 호텔 등등 무엇과도, 어디서든 맥락을 만들고 그 공간을 특별하게 만들 수 있다. '무인양품'이 숍인숍 개념으로 매장 안에 '무지북스'를 만든 것도 이런 시도의 일환이다. 기업의 라운지, 스포츠 매장, 미장원, 의류 매장 안에 책방을 콜라보레이션하여 해당 제품이나 기업에 차별화한 가치를 부여하거나 새로움을 도모하는 사례가 일본에서는 여러 해 전부터 활발하다.

우리나라 사례로는 2018년 '하나은행' 광화문점과 '북바이북'의 협업을 들 수 있다. '하나은행×북바이북'은 고객이 대기하는 공간을 책방으로 꾸며 은행 업무를 기다리며 자연스럽게 책을 구경하거나 구매할 수 있도록 했다. 은행과 책방의 콜라보다. 2019년 11월 '카사미아'는 홍대 근처 서교점의 매장 1층을 '북티크'와 콜라보했다. 가구 업체인 '카사미아'가 서가, 테이블 등 책방에 필요한 가구를 제공한다. 책방은 기업으로부터 임대료, 모객 등을 도움받을 수 있고 기업은 매장에 변화를 꾀하고 고객에게 새로운 즐거움을 제공하는 방식이다.

혜화동 '동양서림'과 시집 전문 '위트앤시니컬'의 협업도 좋은 사례다. '동양서림'은 2대 사장 최주보 씨의 딸 최소영 씨가 2004년부터 운영하고 있다. 옛 모습 그대로 운영되던 약 83제곱미터(약 25평) 남짓한 이곳은 서울미래유산으로 지정되며 리노베이션 공사비의 일부인 1,500만 원을 서울시로부터 지원받았다. 최소영 씨는 '위트앤시니컬'의 유희경 씨에게 리노베이션을 도와달라고 부탁했다. '동양서림'이 리노베이션을 마치며 2018년 과거 사무실과 창고로 썼던 나선계단 위 창고 공간에 '위트앤시니컬'이 둥지를 틀었다. '동양서림'은 과거 모습을 탈피하고 개인 서가처럼 변한 데다 2층에 '위트앤시니컬'이 자리잡으며 소설 등 문학책 판매율이 높아졌고 20~30대 손님이 늘어났다. '위트앤시니컬'은 저렴한 임대료로 경제적 도움을 얻었다. 이런 시도가 쉬운 일은 아니지만 각자의 한계를 창의적으로 극복할 수 있는 방법 중 하나다. 2020년 리뉴얼을 마친 '교보문고' 잠실점에는 '사적인 서점'이 숍인숍 형태로 입주했다. 대형 서점과 작은 책방이 어떻게 협업하고, 어떤 시너지를 낼 수 있는지 관심을 모으고 있다.

최초의 책이 지닌 물성은 점토판이었다. 지금 이라크가 자리한 수메르 지역에서 등장했다. 티그리스 강과 유프라테스 강 사이에서 나오는 진흙이 풍부했기에 기원전 4천년경 수메르 인들은 건축이나 공예에 사용했던 진흙으로 글을 쓰는 점토판을 만들었다. 넓적하게 진흙을 빚어 그 위에 뾰족한 도구로 문자를 새겼다. 최초의 문자라고 여겨지는 설형문자의 탄생이다.

그리스와 로마에서는 기원전 8세기 무렵부터 납판wax wtiting tablet을 사용했다. 널빤지 속을 파낸 뒤 왁스를 채워 넣고 뾰족한 첨필로 글을 쓰고 지웠다. 그리스 도자기에 이 납판을 사용하는 사람의 모습이 그려져 있는데 마치 지금 우리가 사용하는 태블릿PC와 비슷한 모양이라 흥미롭다. 이후 책의 물성은 파피루스 두루마리나 대나무 조각을 엮어 만든 죽간 같은 형태로 변한다. 나아가 양피지나 종이를 한쪽으로 제본하여 넘길 수 있는 코덱스 제본 형태로 바뀐다. 지금 우리가 보고 있는 형태의 책이 등장하기까지 많은 시간이 필요했다. 책은 계속 변하고 있다.

2000년대로 접어들자 우리는 종이책만이 아니라 태블릿PC나 스마트폰으로도 책을 읽기 시작했다. 코덱스 제본 형태에서 인류가 5~6천 년 전 사용했던 점토판이나 납판과 비슷한 책의 물성으로 되돌아간 셈이다.

"그렇다면 종이책은 어떻게 될까?"

이 물음이 자동으로 튀어나온다. 인류 역사를 살피면 뉴 미디어가 등장했다고 해서 올드 미디어가 완전히 사라지는 건 아니었다. 한쪽이 완전히 사라지기보다 공존하는 경우가 많다. 전자책 등장 후 종이책은 사라지지 않았다. 종이로 묶은 것만을 책이라고 여기던 것이 달라졌을 뿐이다. 종이로 묶인 책만이 유일무이한 형태라는 생각을 내려놓고, 다양한 형태의 책을 혼용하는 시대가 되었다. 역사적으로 살펴보아도 종이로 된 것만이 책의 확정본인 적은 없었다. 당대의 테크놀로지와 어울리는 다양한 형태의 책을 사용해왔을 뿐이다.

이렇게 책이 진흙판, 납판에서 코덱스 제본 형태의 종이책으로, 그리고 다시 태블릿PC로 변화하고 있다면 책을 파는 책방의 모습 역시 고정된 형태는 아니어야 할 것이다. 책방은 책을 진열하여 독자에게 판매하는 곳이다. 다시 말해 책이라는 콘텐츠를 담는 곳이다. 초기의 책방 형태는 노점상이었고, 서점업자는 출판업을 겸하기도 했다. 책의 변화와 마찬가지로 책방 역시 당대의 독자가 필요한 콘텐츠를 잘 담아내 전달하는 공간이 되어야 한다.

'51페이지'의 김종원 대표에게 어떤 사람이 책방을 하면 좋겠냐고 물은 적이 있다. 그는 정보력이 강한 사람이라고 답했다. 책은 카테고리가 수없이 많고, 신간이 쏟아지고, 시의성도 중요하다. 손님들이 뭘 찾는지, 사회가 어찌 돌아가는지 알아야 책을 팔 수 있다. 동네책방은 분명 전통 산업이지만 동시에 가장 트렌디한 산업이다. 책이라는 콘텐츠의 범주를 넓은 시각에서 바라본다면 의외의 활용법이 생겨나고 책방은 콘텐츠 비즈니스를 실험하는 곳도 될 수 있다. 김종원 대표는 동네책방을 시작하기 전 10여 년 동안 경제경영, 자기 계발 분야의 온·오프라인 콘텐츠 비즈니스 기획을 담당했다. 그가 책방을 시작한 이유는 회사의 눈치를 보지 않고 자기 마음대로 콘텐츠 비즈니스를 실험해보고 싶어서였다. 그가 출판평론가 장은수 씨와 함께 기획했던 '동네책방 X쏜살문고 에디션' 같은 시도가 좋은 예다. 이 프로젝트는 지금도 숱하게 등장하는 동네책방 에디션의 원조격이다.

실제로 책방 주인의 과거 이력과 경험, 그들의 성향, 여기에 그들의 관심사를 반영한 주제들이 더해지면 다른 곳에서 시도하지 않았던 신선한 콘텐츠 기획이 나온다. 예를 들어 '51페이지'에는 특이한 유료 프로그램들이 있었다. 직장인들의 고민을 들어주는 '퇴직을 준비하는 자세'나 '레고시리어스 플레이어스LEGO SERIOUS PLAY' 같은 모임이다. 직장을 퇴사하고 책방 주인이 된 김종원 대표의 경험과 관심이 낳은 기획이었다. 연장선에서 일일 책방지기를 모집하는 행사도 기억에 남는다. 경험을 파는 행사였다. 언젠가 책방을 하고 싶은 광고회사, 스타트업 근무자 등이 퇴사 훈련을 겸해 일일 책방지기에 자원하기도 했다.

"18세기 프랭클린의 도서관 같은 책방이 생겨나고 있다.
오랜 세월 동안 대중화의 길을 걸어온 책방은 소수의
독자를 향한 길로 들어서고 있다. 방향을 달리하는 셈이다"

중세 시대, 친절하고 낭랑한 목소리로 책을 읽어주는 이들이 읽고 싶은 이들을 읽기의 세계로 안내했던 때가 있었다. 또는 서점 주인이 편지나 글을 써주는 필경사 노릇을 겸하던 때가 있었다. 글을 읽고 쓸 수 있는 사람이 소수였기 때문이다. 우리도 한두 세대 전에는 편지나 문서를 대신 써주는 동네 어른이 있었다. 도서관이 오늘날처럼 보편화하지 않았을 때 책방은 자연스럽게 도서관의 기능을 겸하기도 했다. 이는 유료 도서관의 형태로 20세기까지 남아 있었다.

미국에서 공공도서관의 시작을 알린 벤저민 프랭클린의 '준토'junto 도서관이나 회원제 도서관들이 이런 전통을 잇는다. 프랭클린이 살았던 1700년대 미국은 인쇄소도 없어 책을 구하기도 어렵고, 구한다고 해도 많은 돈을 내고 영국에서 책을 주문해야 했다. 엄청난 부자가 아니라면 책을 사는 건 꿈도 꿀 수 없었다. 프랭클린은 영국에서 건너올 때 가져온 책 몇 권으로 만족할 수 없었다. 이럴 게 아니라 사람들마다 가지고 있는 책을 한자리에 모아놓고 서로 나눠보면 어떨까 하는 생각을 했다. 이것이 '준토' 도서관이다. 영어로는 비밀결사라는 뜻이고, 스페인어로는 다른 사람과 함께 하는 모임이라는 뜻을 지녔다. 하지만 회원들이 책을 가지고 와야 하고 필요할 때 바로 보지 못하는 불편함 때문에 오래 가지 못했다. 그러자 1731년 친구들과 함께 회원제 도서관인 필라델피아 도서관 조합을 만든다. 회원들을 모집하고 회비를 걷어서 그 회비로 책을 구입하고 책을 빌려볼 수 있게 한 것이다. 가입비로 40실링의 회비를 내고 1년마다 10실링의 연회비를 내야 했다. 40실링이란 당시 선원의 두 달치 급여에 해당하는 큰돈이었다. 이런 유료 회원제 도서관은 공공도서관이 확대되며 자연스럽게 사라졌다.

그런데 흥미롭게도 최근 들어 18세기 프랭클린이 시도했던, 유료 도서관 형태의 책방이 다시 생겨나고 있다. 시작은 일본에서였다. 2018년 12월 11일 도쿄에 입장료를 받는 책방이 생겼다. '분키츠'文喫다. 입장료로 1,500엔을 내면 오전 9시부터 밤 11시까지 커피와 녹차 같은 음료를 마음껏 마시며 이용할 수 있다. 입장료를 내는 운영 방식은 수백년 전 책이 귀하던 시기 도서실을 겸한 책방이나 프랭클린의 유료 도서관을 떠오르게 한다. 총 90석의 열람실이 있어 혼자 책을 보거나 혹은 단체로 회의를 할 수도 있다. 간단히 요기를 할 수 있는 음식과 맥주도 판매한다. 책을 주제로 한 전시도 열리며 물론 책을 살 수도 있다. 인문서부터 디자인 관련서까지 약 3만여 권의 책이 구비되어 있다.

이런 유료 서비스 방식은 국내에서도 찾아볼 수 있다. 2020년 2월 22일 강남 청담동에 '소전서림'素磚書林이 문을 열었다. 소규모 콘서트와 강연이 가능한 공간도 갖추고 있는 이곳의 하루 이용료는 5만 원, 반일 이용은 3만 원이다. 연간 회원은 66만 원에서 270만 원까지 3가지 타입 가운데 선택할 수 있다. 1층에는 와인바도 있다. 장서는 4만 권 정도로 이중 3만 권이 문학 서적이여 여기에 인문, 예술, 미술 도록 등이 추가된 형태다. 큐레이션은 서평가 이현우, 천문학자 이명현 등 전문가에게 의뢰했다. 북 도슨트가 상주해 독자에게 도서 추천 서비스도 한다.

무엇보다 공간의 고급스러움이 넘쳐나고 절판된 책까지 모아놓은 큐레이션이 볼만하다. 하지만 '소전서림'은 일본의 '분키츠'와는 다르게 책을 판매하지 않는다. 엄밀한 의미에서 서점이라기보다는 유료 도서관에 가까운 형태지만 그렇다고 책을 빌려주지는 않는다.

'최인아책방'도 유료로 책을 볼 수 있는 서비스를 한다. 책방 아래 3층 공간을 '혼자의 서재'로 꾸몄다. 고풍스런 벽난로를 갖춘 유럽풍 거실과 추천 장서가 큐레이션된 서재를 개인적으로 이용할 수 있는 서비스다. 2시간 이용료가 3만 원이며 커피와 베이커리가 제공된다.

누구나 차별 없이 자유롭게 책을 볼 수 있는 도서관이 생겨나기까지 오랜 시간 많은 노력이 필요했다. 아직은 실험적이지만 다시 소수의 독자들을 위한 유료 도서관 혹은 유료 책방 형태가 생겨나고 있다. 책방의 유료화에 대한 해석은 여러 가지가 있을 수 있는데, 책방을 콘텐츠를 담는 그릇으로 해석하면 간단해진다. 제2차 세계대전 직전 영국의 펭귄북이나 미국의 포켓북 같은 페이퍼백이 등장하면서 한층 값싼 책값으로 드디어 누구나 책을 즐길 수 있게 되었다. 전국적인 대형 서점 체인망 덕분에 책이라는 콘텐츠를 파는 책방은 지금의 모습처럼 가장 개방성이 좋은 공간으로 만들어져 독자들을 맞이했고 독자들은 이곳에서 편하게 책을 보고 책을 살 수 있었다.

하지만 이제 사정은 좀 달라졌다. 독자들은 책방이라는 공간 경험을 즐기기는 하되 책을 사지는 않는다. 그런 까닭으로 다시 과거처럼 이 공간에서 누릴 수 있는 경험과 콘텐츠에 값을 매기는 방식이 대두되고 있다. 실험적인 방식의 유료 책방 형태가 등장하는 이유가 거기에 있다. 오랜 세월 동안 책과 책방은 대중화의 길을 걸어왔다. 그리고 이제는 소수의 독자를 향한 길로 들어서고 있다. 방향을 달리하는 셈이다.

●

"동네책방들의 바이 로컬 운동, 무엇보다 지역민들에게 호응을 얻는 것이 중요하다"

1990년대에 생겨나 아직도 지역의 거점으로 건재한 곳들이 있다고 앞에서도 말했다. 충주 '책이있는글터', 서울 '불광문고', 대전 '계룡문고', 진주 '진주문고', 군산 '한길문고' 등을 꼽는다. 물론 다들 운영이 쉽지 않다. 최낙범 대표가 '불광문고'와 함께 운영하던 '한강문고'가 2020년 폐업했다. 2007년부터 망원동에서 운영하던 약 660여 제곱미터(약 200평) 규모의 중형 서점이다. 20억 원 정도 연매출을 올렸지만 영업이익이 거의 남지 않아 사업으로 의미가 없다는 자조가 심심찮게 들려오곤 했는데, 끝내 문을 닫고 말았다. 1996년 문을 연 '불광문고' 역시 2021년 9월 폐점했다. 2018년 리모델링까지 했지만 인근 쇼핑몰에 '교보문고'와 '영풍문고' 지점이 들어온 이후 결국 매출 감소를 이기지 못하고 끝내 문을 닫았다.

그렇지만 아직 우리에게는 고난의 시절을 오래 버텨온 곳들이 있다. 이런 곳들을 살피면 지속가능성, 나아가 생존의 실마리를 찾을 수 있지 않을까? 1992년부터 시작된 충주의 '책이있는글터'는 단골로부터 거의 모든 매출이 이루어진다. 지역의 거점으로 살아남을 수 있는 길은 어찌 보면 간단하다. 지역에 사는 독자가 찾아야 할 이유를 만들어 재방문을 유도하는 것이다. '책이있는글터'가 지난 20여 년 간 다양한 방식의 서적 할인 판매와 배송의 편리함을 갖춘 온라인 서점의 파고를 헤쳐온 비결이기도 하다. 예컨대 2009년 만든 문화공간 '숨'이 있다. 이곳에서는 이름난 유명인만이 아니라 지역 사회의 다양한 사람이 강연을 했다. 꾸준히 주제 강좌도 열었다. 말 그대로 사랑방 역할을 했다. 오카리나 공연과 어린이 연극을 준비하는 동네 사람들의 연습 공간, 수예를 하는 여성들의 모임 장소가 되어주기도 했다. 책만 파는 곳이 아니라 사람이 모이고 지역 사회의 문화적 거점이 되려는 일관된 노력이 이곳의 단단한 버팀목이 되었다. 속초 '문우당서림'은 리뉴얼 작업을 마친 뒤 이렇게 이유를 밝혔다.

"속초엔 아이를 데리고 갈 만한 곳이 별로 없다. 이곳 사람들의 문화에 대한 갈증을 해소해줄 수 있는 책방을 만들고 싶었다."

'문우당서림'에 가면 동네 사람들이 뜨개질도 하고 각종 모임을 하는 모습을 볼 수 있다. 젊은이들은 무료로 이용할 수 있는 스터디룸에 모여서 공부도 한다. 역시 오랜 세월 이곳이 속초에서 살아남을 수 있는 이유다.

'책방이음' 조진석 대표가 오래도록 작은 동네책방을 할 수 있었던 비결도 네트워크를 만들고 이어간 때문이다. 그는 독자들과 관계를 맺고 커뮤니티를 만드는 데 공을 들인다. '사람들을 조직화하고 관심 정도와 적극성에 따라 나누고 열정을 모을 수 있는 방법을 찾아야' 작은 동네책방을 할 수 있다고 생각하기 때문이다.

대형 매장에서 손님은 그저 손님이다. 특정한 한 사람으로 기억되는 존재가 아니라 책을 사는 손님일 뿐이다. 하지만 동네책방에서 손님은 모두 구체성을 지닌다. 코코아를 좋아하는 아이, 조카에게 그림책을 사주려는 직장 여성, 책을 안 읽는 친구에게 뭘 사줄까 고민하는 대학생, 역사책을 즐겨 읽고 독서모임에 나오는 직장인처럼 말이다. 이들이 오는 시간도 정해져 있다. 조 대표는 그들의 얼굴과 이름과 필요한 책을 기억할 뿐 아니라 그들이 좋아하는 먹거리도 준비한다. 이곳을 움직이는 관계에는 여러 축이 있다. 독서모임 운영부터 서가 정리나 행사 디자인까지 모두 자원봉사자들이 힘을 보탠다. 연간 120명 정도의 자원봉사자가 활동한다. 봉사라기보다 다들 재미 삼아 시작한다. 조 대표는 그들과 수평적인 관계를 맺기 위해 노력한다. 인턴 사원이나 자원봉사자들은 그를 사장님이 아니라 '지기님'이라 부른다. 사람을 만나 이야기를 하면서 그 사람을 바라보고, 그들이 즐겁게 참여하는 커뮤니티를 만든 것이 그가 그곳에 오래 있는 비결이다.

미국에서는 1980년대부터 '반스앤노블'과 '보더스'Borders 같은 대형 체인 서점이 본격적으로 확산되었다. 미국 전역의 대형 쇼핑몰에 체인 서점이 입점했고, 30퍼센트 정도 할인해서 책을 판매했다. 그러자 지역의 많은 동네책방이 문을 닫았다. 이 시절을 담은 영화가 1998년 개봉한 노라 에프론 감독의 〈유브 갓 메일〉이다. 매그 라이언은 동네에서 어린이 책을 파는 '길모퉁이 책방'을 운영하고, 톰 행크스는 그 동네에 대형 체인 서점을 낸 '폭스북스'의 사장이다. 어머니로부터 대를 이어 운영되던 뉴욕의 명소, '길모퉁이 책방'은 '폭스북스'가 들어서자 결국 문을 닫는다. 싸우다 연인이 되는 전형적인 로맨스 영화의 서사를 지녔지만 그 속에 대형 체인 서점과 동네책방의 갈등이 잘 담겨 있다.

1995년 온라인 서점 '아마존'이 등장했다. '아마존'이 급성장하는 것과 비례하여 미국 내 동네책방 수는 또 줄었다. 2000년 무렵 동네책방이 43퍼센트나 사라졌다. 2007년 아마존이 전자책 단말기 킨들Kindle을 생산하자 이번에는 할인과 안락함을 무기로 동네책방을 위협하던 대형 체인 서점마저 위기를 맞았다. '반스앤노블'에 이어 미국 내에서 두 번째로 큰 대형 체인 서점 '보더스'는 2011년 파산했다. 이어 '반스앤노블'도 손을 들었다. '반스앤노블'은 1980년대와 1990년대 서점 체인을 확장하면서 시장을 지배, 작은 동네책방의 문을 닫게 한 주범으로 손꼽혔다. 하지만 자체 개발한 단말기 누크의 실패, 특징 없는 대형 매장에 시들해진 독자들이 온라인으로 이동하자 10여 년 간 150개 넘는 매장을 줄이며 고투했으나 결국 2019년 '엘리엇매니지먼트'의 손으로 넘어갔다.

흥미로운 건 이제부터다. 2009년부터 2015년 사이 미국 동네책방이 다시 증가세로 돌아섰다. 쇠락의 길을 걷던 작은 책방들이 부흥의 길을 걷기 시작했다. '미국서점연합회'American Booksellers Association는 동네책방의 숫자가 2009년 1,651개였지만 꾸준히 증가해 2018년에는 2,400개까지 늘어났다고 발표했다. 8년여 사이 무려 40퍼센트 이상 증가한 것이다. 1995년부터 2000년까지 43퍼센트의 책방이 사라졌던 일을 떠올리면 정말 믿어지지 않는 숫자다. 매출도 증가세를 보여 전년 대비 2015년에는 10퍼센트, 2016년에는 5퍼센트, 2017년은 2.6퍼센트의 신장률을 보였다.

하버드대 경영대학원의 라이언 라파엘리Ryan L. Raffaelli 교수는 2005년부터 2018년까지 미국 내 책방의 부상에 대한 연구를 했다. 그는 26개 주의 책방들을 방문하고 915건의 관련 기사를 분석해 「리테일 재창조하기: 독립서점의 새로운 부상」이라는 논문을 발표했다. 책방이 부흥을 맞은 이유로 그는 사람들이 모이는 공간Convening, 책방만의 개성 있는 책 추천Curation, 지역을 기반으로 한 담론장 또는 문화공간의 역할Community을 손꼽았다. 말하자면 이런 식이다. 큐레이션이 남다른 동네책방 한 곳이 점차 독서 모임부터 취미 모임까지 사람들이 모이는 공간이 된다. 그러다 보면 차츰 그 책방은 지역 사회의 중요한 담론을 형성하고 지지하며, 문화를 향유하고 공유하는 역할을 하는 사랑방이자 살롱 같은 커뮤니티 공간으로 거듭난다. 그리고 이윽고 로컬리즘이라는 열매를 맺는다.

1900년 지역 서점들이 연합해 설립한 '미국서점연합회' 역시 독립서점 진흥을 위한 '인디 퍼스트'Indies First 행사를 진행해 사회적으로 독립서점을 지지하는 활동에 적극적으로 나섰다. 많은 서점이 연합회의 도움을 받아 저자 초청 행사를 열었다. 오바마 전 대통령은 재임 중에도 종종 책방에 들르곤 했는데, 이처럼 유명인사가 책방에 들러 사회적 관심을 환기시킬 수 있도록 유도했다.*

* 「아마존'發 서점 양극화에도 살아남는 미국 독립서점… 비결은?」, 김승일, 『독서신문』, 2018. 10. 12.

이런 노력을 통해 '미국서점연합회'의 CEO 오렌 테이처Oren Teicher 의 다음과 같은 진단처럼 로컬리즘이 피어나며 지역 서점이 부흥했다.

"(지역 서점의 부흥은) 사람들이 음식, 옷 등을 사는 데 양심적인 구매를 지향하며 급성장한 바이 로컬buy local 운동의 영향이 적지 않았다."

바이 로컬이란 간단히 말해 '지역 제품 먼저 구매하기'buy local first 운동이다. 라파엘리 교수 역시 이렇게 말했다.

"독립서점에서 책을 사는 것이 지역 경제 활성화에 기여할 수 있다'는 믿음을 갖게 만드는 것이 독립서점 부흥의 중요한 요인이며 "독립서점은 지역주의localism를 옹호한 최초의 집단 중 하나(이다.)"

'전국동네책방네트워크'(책방넷)는 2020년부터 2021년까지 동네책방을 통한 책 읽기 문화 확산과 지역 경제 활성화를 위해 '바이 북+바이 로컬'Buy Book + Buy Local 캠페인을 진행한다. 전국 90여 개 동네책방과 배우 박정민과 김중석, 김탁환, 나희덕, 이병률, 김연수 등 총 13명의 작가와 예술인들이 함께 한다. 미국 책방들이 했던 바이 로컬, 인디 퍼스트 운동의 국내 버전이다.

    승자가 독식하는 사회에서 소수를 제외한 모든 사람의 삶은 황폐해진다. 대형 쇼핑몰만이 아니라 동네의 작은 가게들이 살아남아야 지역이 살고 지역민이 최소한의 삶을 영위할 수 있다. 이런 바이 로컬 운동의 영향력을 잘 보여주는 사례가 있다. 에이미 코티즈의 책 『로커베스팅』*Locavesting*에 소개된 지역 빵집이다. 미시간 주 작은 동네 클레어에서 경찰관이자 빵집 주인으로 일하는 9명이 실제 주인공이다. 경찰관 그렉 리니어슨은 111년이나 된 동네 빵집 '클레어 시티 베이커리'가 문을 닫는다는 이야기를 듣고 충격을 받는다. 빵집은 동네 토박이들에게 추억의 장소이자 휴식처였기 때문이다. 지역 경찰관들이 빵집을 살릴 수 없을까 하는 생각을 하다 돈을 모아 가게를 인수하고 '캅스앤도너츠'*Cops&Doughnuts*라는 이름으로 영업을 시작했다. 경찰관이 동네 빵집을 살리고 직접 운영도 한다는 점이 화제가 되자 미디어에 소개가 되며 인기를 끌었다. 결국 망했던 가게는 부활했다. 지역 빵집이 성공하자 어떤 일이 일어났을까. 거리가 다시 살아났고 결국 지역 경제가 활성화되었다. 지역민 모두가 함께 살아갈 터전을 회복한 것이다.

    동네책방이 벌이는 바이 로컬 운동은 단지 동네책방에서 책을 사자는 구호로 그쳐서는 안 된다. 앞서 미국 독립서점의 부흥 요인으로 꼽힌 세 가지 요소를 언급했다. 동네책방에서 음악, 영화, 취미, 독서 같은 지역민들의 다양한 모임이 이루어진다. 이 모임의 거점 역할을 하는 책방에서 커뮤니티가 차곡차곡 쌓인다. 그러면서 지역에 기반한 가치들을 고민하고 함께 살아가는 지역 생태 운동에 대한 공감대가 확보된다.

바이 로컬이라는 구호를 가져오기는 쉬우나 이를 우리의 것으로 만들기는 쉽지 않다. 동네책방을 통한 지역 커뮤니티가 형성되어야 책방을 통한 바이 로컬이 생명력을 얻는다. 함께 살아야 한다는 공동체 의식의 구심점 역할을 동네책방이 해낼 수 있어야 하고, 그 역할에 대한 공감대가 지역민들에게 형성되어야 한다. 그 고비만 넘기면, 책방에 사람이 모이고 책방이 지역의 구심점이 되면 다양한 논의를 해볼 수 있고, 그로 인해 지역의 상권은 새로운 시도를 해볼 수 있다. 그러다 보면 지역은 점차 활기를 띠게 되고, 지역의 경제가 활성화되면 다시 지역민들이 함께 잘살게 되는 공생의 순환을 기대할 수 있게 된다. 지역을 살리자는 바이 로컬 운동의 중심으로 동네책방만 한 곳이 있을까 싶다. 바이 로컬 운동은 최근 주목받는 로컬 비즈니스와도 연결된다. 서울에서 편집자 생활을 하다 제주로 내려가 '보배책방'을 운영하는 정보배 대표는 이런 말을 들려준다.

"딸의 초등학교뿐만 아니라 제주 읍면 단위의 초등학교에서 이주민의 비율은 절반 혹은 그 이상이다. 가까이에 있는 더럭초등학교는 분

교였는데 전교생이 늘면서 2018년 초등학교로 승격되었다. 그 늘어난 학생의 90퍼센트 이상이 이주민의 아이들이다.”

'동네서점 지도'에 의하면 2022년 2월 현재 제주에는 55곳의 동네책방이 있다. 이 중 많은 수가 서울이 아닌 지역을 선택한 이주민들이 문을 연 책방이다. 이들이 제주로 내려간 이유는, 서울이 아닌 '그곳'에서 행복하게 살기 위해서다. 하지만 '그곳'에서도 할 일이 필요하다. 카페나 빵집처럼 책방도 로컬 비즈니스의 하나로 주목받고 있다. 완도의 책방 '완도살롱' 역시 지역과 공생하는 로컬 비즈니스의 전형적인 모습을 보여준다.

동네책방이 무엇이냐고 물을 때 뭐라고 답해야 할까. 책방이자 지역 운동의 구심점이자 다양한 프로그램을 펼쳐 자신과 지역 주민들이 살기 좋은 동네를 만들어가려고 애를 쓰는 곳이라고 답하고 싶다. 내가 사는 지역에 로컬리즘을 꽃피우고 싶다면 가장 먼저 존재해야 하고 무엇보다 지켜야 하는 것이 책방이다. 그렇게 본다면 로컬리즘을 바탕으로 한 지역 생태 운동의 거점이자 다르게 살고 싶은 사람들이 선택할 수 있는 로컬 비즈니스의 하나가 되어 있는 것, 어쩌면 이것이 만들어나갈 책방의 가까운 미래가 아닐까. 혹은 다르게 사는 방법으로 택한 로컬 책방의 형태가 접목되어 있어야 한다.

지역에서 동네책방은 중요한 구심점 역할을 한다. 서울에서 3시간 거리인 구미의 '삼일문고'는 큐레이션을 갖춘, 다양한 모임이 있는, 그리하여 지역 커뮤니티를 만들어가는 동네책방의 역할을 잘 보여준다. 2017년 문을 연 중형 서점으로 처음에는 1층과 지하 1층을 합쳐 820여 제곱미터(약 250평)로 시작했다가 2021년에 1층을 더 넓히고 2층을 학습관으로 새롭게 만들어 현재 약 1,320여 제곱미터(약 400평) 규모다. ㈜삼일법인'이 설립했다. 1970년 구미 지역에서 전파상으로 시작한 향토기업 '㈜삼일법인'은 1991년 '삼일장학문화재단'을 만들었고, 2017년 '삼일문고'를 오픈했다. 김기중 대표에게 어쩌다 서점을 시작했는지 물으면 이런 답이 먼저 나온다.

"구미에 서점이 사라졌기 때문에."

구미는 젊은 도시다. 참고서와 수험서가 여전히 팔린다. 하지만 한때 24개나 있던 서점은 '춘양당서점'이 구미역사 안으로 들어간 뒤 지역을 대표할 곳이 사라졌다.* 김기중 대표는 한 인터뷰에서 이렇게 말했다.

* 구미역사 안에 있던 '춘양당서점' 역시 문을 닫았다.

"구미에선 다양한 사람을 만날 길도 없고 이런저런 경험을 하기도 힘들어요. 책을 볼 수도 없다면 이 도시의 다양성은 어떻게 되나 싶었지요."

지역 서점의 필요성과 아쉬움은 '사람과 책을 잇는 책방' '삼일문고'로 태어났다. 이곳은 공간도 아름답지만 김기중 대표의 명함에 큐레이터라는 네 글자가 쓰인 데서 알 수 있듯 큐레이션을 중요하게 여긴다. 김기중 대표가 서점을 시작하기 전 돌아보았던 수많은 책방 중에서 크게 감동했던 곳들의 공통점이 있다고 한다. 공간의 화려함보다 그곳을 지키고, 방문하는 사람들과 책이 조화를 이룬 곳이었다. '삼일문고' 역시 그런 곳이 되기 위해 다양한 큐레이션을 실천하고 있다.

이곳에서 빼놓을 수 없는 또 하나가 지역민들과 만나는 상시적 모임과 강좌다. 작은 동네책방은 비록 숫자는 적을지라도 독자와 일대일로 접할 기회가 많다. 하지만 중형급 이상으로 규모가 커질수록 독자와 네트워크를 만드는 일은 쉽지 않다. '삼일문고'는 이런 공식을 여지없이 깼다. 지속적으로 열리는 독서모임과 영화 상영, 저자 강연, 주제 강연 등으로 지역민들과 일대일로 소통한다. 여기에 김기중 대표가 직접 발신하는 SNS가 큰 역할을 한다. 없는 것도 있다. 베스트셀러 매대와 참고서가 없다. 구미의 다른 작은 책방과 상생할 수 있는 공생의 큐레이선이다.

　　책방은 고요해 보이지만 쉼 없이 움직인다. 서가에 진열된 책들과 전시 공간이 살아 있으려면, 지역민들의 모임이 활발하려면 누구보다 서점인이 바삐 움직여야 한다. 그래야 시민들이 이곳에서 볼거리와 즐길 거리 나아가 공부 거리와 생각 거리를 만날 수 있다. 이렇게 서점이 살아 커뮤니티 공간이 될 때 공동체 의식을 회복하고 로컬리즘으로 한 걸음 나아갈 수 있다. 김기중 대표의 말처럼 '인생은 아주 먼 길이니 우리는 서로 돌보아야' 한다. 그 시작이 살아 있는 책방으로부터 이루어진다면 얼마나 아름다운가. 책방이 살아 있다는 건 나아가 그 지역이 살아 있다는 뜻이기도 하다.

●

"혼자 읽던 책을 함께 읽는 세상이 되었다.
오늘 우리의 책방은 미래의 독자를 만들기 위해
어떻게 노력할 것인가"

책의 대중화와 비례해 책 읽는 사람은 점점 줄어든다. 이제 책방이 단지 책을 진열하여 판매하는 곳이 아니라 새로운 역할을 맡아야 할 때다. 아직 책을 좋아하지 않는 사람들을 불러모으고, 미래의 독자를 키우는 일이다. 책방이 존재해야 출판이 가능하듯, 독자가 존재해야 책방 또한 가능하기 때문이다. 책방이 책이라는 콘텐츠를 담고 그걸 즐기는 사람들이 모이는 곳이라면 동네책방에서 가장 손쉽게 할 수 있고 꼭 필요한 일이 독서모임이다.

독서모임 혹은 북클럽이란 정기적으로 만나 함께 읽은 책에 대해 이야기를 나누는 모임을 말한다. 서구에서는 이를 비즈니스로 접근해 상점보다 낮은 가격으로 책을 살 수 있는 북클럽 서비스가 활황이던 시절도 있었다. 앞에서도 잠시 언급한 바 있는 '베텔스만' 북클럽이 그런 예다. 1950년 라인하르트 몬이 설립한 '베텔스만'은 책을 읽고 싶어하는 독자를 회원으로 모집해 저렴한 가격으로 책을 공급하는 통신판매를 했다. 북클럽의 성공으로 '베텔스만'은 대규모 미디어 회사로 성장했을 만큼 시장 규모가 컸다. 하지만 온라인 서점의 등장 등으로 비즈니스로서 북클럽 서비스 시대는 막을 내렸다. '베텔스만' 역시 북클럽 사업의 문을 닫았다.

대신 전 세계적으로 자발적 소규모 독서모임이 활발하다. 2007년 영화로 발표된 〈제인 오스틴 북클럽〉은 북클럽의 성격이나 효능을 잘 보여준다. 6명의 북클럽 멤버가 제인 오스틴의 책을 읽고 한 달에 한 번 모임을 갖는데, 소설과 북클럽 멤버들의 이야기가 교차된다. 함께 읽는 모임을 통해 서로의 삶을 이해하고 위로하고 공감으로 나아가는 북클럽의 순기능이 오롯이 담겨 있다.

국내에서는 2014년 '숭례문학당'이 써낸 『이젠, 함께 읽기다』, 경기도 중등 독서 토론 교육연구회교사가 쓴 『함께 읽기는 힘이 세다』 등이 선보이며 바야흐로 독서모임이 주목받기 시작했다. 독서모임 커뮤니티 유료 서비스인 '트레바리'가 인기를 끌자 몇몇 대형 서점에서도 유료 북클럽 서비스를 하고 있다.

독서모임의 활성화는 독서 인구의 감소, 혹은 독서가 생활의 일부분이던 시대가 막을 내렸음을 역설적으로 보여주는 현상이다. 중세까지만 해도 읽기는 낭독처럼 함께 모여 듣는 집단적 방식이었다. 그러다 묵독이 발명되면서 읽기는 사적이고 정적인 혼자만의 고요한 행위로 발전했다. 독서모임이란 말하자면 과거의 집단 독서로 거슬러 올라가는 방식이다. 무엇보다 독서모임은 강제적 읽기다. 과거 지적 호기심으로 혹은 즐거움으로 자발적인 혼자만의 독서가 가능했다면 이제 혼자의 독서가 내리막길을 걸으며 함께 읽기가 대두되었다. 신기수 '숭례문학당' 대표는 '독서의 패러다임이'이 바뀌자 독서의 습관도 변했다며 소통을 강조한다. 신 대표는 이렇게 말한다.

"그동안 우리 사회는 공부를 위한 독서, 지식을 쌓기 위한 독서를 강조했습니다. 하지만 매체의 발달로 지식은 어디에나 널려 있기 때문에 그 자체로 대단치 않습니다. 이제 소통을 위한 독서를 해야 합니다.”

그동안 '숭례문학당', '감이당', '문학네트워크', '수유너머' 등의 학습공동체 등에서 이루어졌던 독서모임에 동네책방뿐 아니라 대형 서점들까지 합세하며 '함께 읽기'는 보편적인 읽기 방식으로 거듭나고 있다.

김포 '꿈틀책방'에 가면 칠판이 있다. 그 칠판에는 책방 주인도 모르는 메모가 가득하다. 이곳에서 다양한 모임을 하는 단골 독자들이 책방에서 했으면 좋을 모임이나 강의를 제안하거나 자발적으로 판매한 책의 기록을 남긴다. 2019년 서울국제도서전에서 '동네책방 생존 필살기'라는 주제로 '책방넷' 회원들이 자신만의 운영 노하우를 발표하는 자리가 있었다. 이 자리에서 이숙희 대표가 필살기로 내세운 것 중 하나가 책모임이다. 월요일에서 토요일까지 하루도 빠짐없이 '꿈틀책방'에는 모임과 행사가 있다. 독서모임, 어린이도서연구회 모임, 미스터리클럽, 서평 집중 과정, 그림책론 읽기, 북토크 등이다.

“책방 매출의 90퍼센트 이상이 책 판매에서 나온다. 동네 손님들 덕분이다. 그 중심에는 책모임이 있다. 어린이도서연구회, 독서모임 엄마의 서재, 서평 모임, 인문학 강독회, 신간 읽기 모임, 초등동화 읽기

모임, 중학생 독서 토론 모임, 그림책 읽기 모임 등이다. 모임에 필요한 책을 책방에서 사고 그 밖에 선물할 책, 추천받고 싶은 책, 다른 필요한 책을 한꺼번에 주문한다. 책모임을 통해 꾸준하게 책방에 오는 손님이 있다는 것 자체가 큰 힘이다."

이숙희 대표는 자발적으로 만들어지는 책모임에 주저하지 않고 공간을 내어준다. 그러다 보니 별도의 공간이 절실해서 책방 옆에 '꿈틀 옆방'을 마련하기도 했다.

동네책방 중에는 아예 독서모임을 특화한 곳들도 있다. 초창기에 문을 연 동네책방 중 한 곳인 '북티크'는 독서모임을 전문으로 한다. 처음 논현점에 둥지를 튼 이후 2018년 7월 서교점이 잠시 문을 닫았을 때도 온라인 독서모임 운영을 지속했다. 2019년 11월 홍대 '카사미아' 1층에 다시 둥지를 튼 이후에도 독서모임을 중심으로 운영하고 있다. 처음 운영할 때부터 독서모임의 운영을 이끌어줄 리더를 직원으로 채용해 체계적으로 관리했다. 꾸준하게 홍보를 하자 1년 사이에 독서모임이 20개까지 늘었다. 독서모임으로 만나 부부의 인연을 맺은 커플도 생겨났다.

경복궁역 인근 '서촌그책방' 하영남 대표는 책방을 열기 전에 독서 모임을 5년 정도 운영했던 이력을 지녔다. '서촌그책방'에서 독서모임은 학기별로 운영되며, 한 학기에 반드시 소설 한 권을 포함한 다섯 권을 읽는다. 하 대표는 사람들의 변화에 주목한다.

"독서모임에 참여하는 사람들이 처음에는 '말도 잘 못 하고 책도 많이 안 읽는다'며 걱정을 하지만 독서모임을 하다보면 이들이 변하는 모습을 볼 수 있다."

독서모임을 하고 나면 사람들이 변한다. 지금껏 읽지 않았던 책을 읽게 되고 소모적인 일상에서 자신을 돌아보게 되기 때문이다. 읽기를 통해 성찰하고 충만한 시간을 맛보는 것이다. 독서모임은 우리 시대 독자들이 공부하고 학습하고 발언하는 장으로 계속 진화하고 있다. 책방의 독서모임은 다양한 방식으로 변화할 수 있다. '인공위성' 김영필 대표는 건축과 디자인을 전공했다. 그는 이곳에서 한 권의 책과 하나의 질문을 담은 책을 비치하고 매달 선정된 질문 책을 가지고 독서모임을 진행한다. 가까운 도서관이나 자발적 모임이 있지만 독서모임의 든든한 한 축은 이렇듯 동네책방이 맡아야 제격이다.

'코로나 19'로 오프라인 모임을 할 수 없게 되자 동네책방이 시도한 온라인 독서모임도 있다. 동네책방들이 '카카오'의 사회공헌 재단 '카카오임팩트'가 만든 '카카오프로젝트 100'에 '책 읽기'로 참여해 이루어졌다. 책방마다 독자들과 함께 100일 동안 함께 읽을 책을 선정하고 이를 인증과 채팅이라는 방식을 통해 공유한다. 24개 동네책방이 참여했으며 책방마다 책과 주제를 정해 온라인 독서모임을 이어갔다. '위트앤시니컬'의 유희경 대표는 '매일 아침 사전을 뒤적여 오늘의 단어를 찾고 사용하기' 같은 프로젝트를 하고, '카모메 그림책방'은 '하루 한 권 그림책 읽기'를 했다. 수원 '마그앤그래'는 톨스토이의 작품을 100일 동안 읽었다. 『안나 카레니나』, 『전쟁과 평화』를 비롯해 톨스토이의 여러 작품을 함께 읽는 멤버는 40명에 이른다. 온라인 독서모임이 가능할까 싶지만 혼자 읽을 때보다 함께 읽는다는 의미가 더해지며 평소라면 끝까지 읽기 어려운 작품을 읽게 하는 힘이 있다.

서울도서관도 서울 시내 동네책방 25곳과 함께 랜선 북클럽을 열었다. 책방 주인이 북클럽 장이 되어 30일 동안 1권의 책을 읽는 모임이다. 이 랜선 북클럽의 슬로건이 인상적이다.

"책의 세계는 무한하고 함께 읽으며 우리는 연결될 수 있습니다."

랜선 북클럽 방식 역시 같다. 정해진 기간 동안 매일 책을 읽고 각자의 방식으로 인증하고 온라인에서 이야기를 나누는 것이 기본 틀이다. 영화책방 '35MM'는 『작은 아씨들』, '책바'는 『애주가의 대모험』,

'미하북스'는 『사피엔스』, '와우북트윈'은 『하버드 상위 1퍼센트의 비밀』 등의 책을 함께 읽었다.

자체적으로 온·오프라인 독서모임을 병행하는 책방도 있다. 서대문 영천시장 근처에 있는 한옥 책방 '서울의 시간을 그리다'는 네이버 밴드를 이용해 온라인 독서모임을 진행하지만 한 달에 두 번은 책방에서 직접 만나 오프라인 독서 토론을 병행한다. 온라인에서 꾸준히 책을 읽고 인증하다 오프라인에서 못다 한 이야기를 풀어내는 식이다.

책방이 어떤 식으로 미래의 독자를 만들기 위해 노력할 것이냐에 대한 답을 보여준 사례로 1996년 문을 연 대전 '계룡문고'를 들 수 있다. 이곳을 지켜온 힘이 있다면 '책 읽어주기와 독서운동'을 꼽지 않을 수 없다. 이동선 대표는 일찌감치 서점이 단지 책을 파는 곳만은 아니며 어릴 때부터 책을 읽어주고 독자를 키워내는 노력을 해야 한다는 사실에 눈을 떴다. 이동선 대표와 현민원 이사가 서점 안에서는 물론이고 밖에서도 그림책 읽어주기에 열성적인 건 이 때문이다. 이동선 대표는 대형 서점의 지점 개설, 홈쇼핑의 어린이 책 할인 판매, 대형 마트의 할인 공세 등을 책 읽어주는 운동을 하며 버텼다.

"책을 좋아하려면 책 읽는 기쁨을 알아야 하는데 방법은 책을 읽어주는 것이다."

이것이 그의 지론이다. 그 역시 서점 운영이 쉽지 않았지만 지역에 기반한 책 읽어주기 운동이 입소문이 나며 활로를 찾았다. 이동선 대표가 책 읽어주기에 나선 건 2000년 6월 '책 읽어주는 엄마' 모임을 결성한 즈음부터다. 이 무렵 '계룡문고'는 책 읽어주는 시간을 정기 프로그램으로 만들었고 이를 서점 견학 프로그램으로 확대했다. 교사와 학부모의 입에서 입으로 전해져 2005년경부터 활성화되었다. 현재는 대전 지역 유치원, 초등학교, 중등학교에서 공식 견학 프로그램으로 채택하고 있다. 대전과 이웃한 충북과 전라도의 지역아동센터 등 사회복지시설이나 중학교에서도 자유학기제 시행 이후 직업 탐색을 위해 견학을 온다.

'계룡문고'는 약 2,000제곱미터(약 600여 평)의 규모에 23명의 직원을 둔 중·대형급 서점이다. 요즘 같은 시절 오프라인 서점을 운영하는 게 쉬울 리는 없다. 하지만 '책 읽어주는 서점'이라는 분명한 색깔을 갖고 있다. 어린이 책 코너에 가면 마치 어린이도서관처럼 신발을 벗고 들어가 편안한 자세로 책을 볼 수 있고 입구에는 '어린이도서연구회'의 추천 도서가 진열되어 있다. 아이들에게 책으로 마법을 걸고, 그 아이들이 부모들을 졸라 책방에 다시 오게 하는 마법의 씨앗을 뿌린다. 이것이 그 많던 책방들이 사라졌지만 여전히 '계룡문고'가 건재한 이유이자 '책 읽어주는 계룡문고'가 만들어낸 기적이다.

"동네책방이 나아갈 방향은 하나다. 사적 비즈니스지만
공공적 역할 또한 수행하는 것. 그것이야말로 동네책방의
생존을 가능케할 길이 아닐까"

동네책방이 정말 많이 생겼다. 책방 전성기가 다시 왔다는 말이 어색하지 않을 만큼 새로운 책방들이 탄생했다. 그렇다고 책방의 사정이 나아졌는가 하면 그렇지 않다. 여전히 상황은 만만치 않다. 편집자로 오래 일한 조은희 대표는 2019년 1월 성산동에 '조은이책'을 열었다. 출판계에서 잔뼈가 굵은 베테랑 편집자이자 기획자인 그가 책방이 어렵다는 걸 몰랐을 리 없다. 하지만 그 역시 책방을 시작하고 나서 이렇게 말한다.

"책 팔아서 유지하는 건 언감생심이다. 하루에 책 한 권 팔리지 않는 날이 많다."

책방 운영이 얼마나 고단한지는 이름이 널리 알려졌거나 오래된 책방들이 문을 닫는다는 소식으로도 짐작할 수 있다. 2020년 '한강문고'에 이어 2021년 '불광문고'도 폐업했다. 1987년 상도동 '성대시장'에서 시작해 2015년 새롭게 문을 열고 영업해온 '대륙서점'도 문을 닫

을 위기에 처했지만 다행히 2020년 시즌 3로 거듭났다. 성산동 어린이 책방 '사춘기'도 '코로나19'가 밀어닥치자 오프라인 서점의 문을 닫고 온라인에서만 운영할 계획을 세웠지만, '어린이책 전시'라는 컨셉트로 새롭게 출발했다. 서점이 어렵다거나 혹은 아예 문을 닫는다는 소식을 들으면 마음이 무거워진다. 동네책방을 지속한다는 건 그만큼 어려운 일이다. 이야기는 다시 처음으로 돌아간다. '북티크' 박종원 대표는 앞으로의 책방의 역할에 대해 이렇게 재정의했다.

"독자를 발굴하는 콘텐츠를 만드는 곳."

원래부터 책방이란 책이라는 콘텐츠를 독자와 만나도록 연결하는 공간이었다. 이제 독자가 자발적으로 책방을 찾아오지 않는 시대가 되었으니 동네책방은 이 만남이 이루어지도록 노력해야 한다. 지금까지 언급한 많은 동네책방은 결국 독자가 찾아오는 곳이 되기 위해 고군분투해온 사례이기도 하다. 이 모든 노력은 여전히 실험적이며 현재진행형이다. 앞으로의 책방은 이 숙제를 풀기 위한 분투의 장이 될 터이다. 다만 이 책에서는 작은 동네책방부터 중형 규모의 책방까지 각자의 방식으로 서점을 운영하고 독자를 발굴하는 모습을 총체적으로 조망하고자 했다. '삼일문고'는 '삼일문고'의 방식대로, '계룡문고'는 '계룡문고'가 잘하는 방법으로, '꿈틀책방'은 '꿈틀책방'의 장점을 최대한 살려서, '서촌그책방'은 그 나름의 방식으로 독자가 책을 만나는 가장 즐겁고 유의미한 방식을 찾아가는 중이다. 다만 모든 동네책방이 잊지 말아야 할 것이 있다. 바로 서점이 지닌 이중적 성격, 다시 말해 서점은 사적인 비즈니스 영역이면서 동시에 공공의 역할도 수행하는 공간이라는 점이다. 책을 팔아 이익을 남기기도 해야 하지만 어떻게든 더 많은 이들이 책의 세계로 진입할 수 있도록 길을 만들어주기도 해야 한다.

그렇다면 대체 어떻게 해야 책의 세계로 더 많은 사람을 이끌 수 있을까. 나의 오랜 궁금증이자 숙제다. 지금까지 내린 결론 중 하나는 이거다.

'누구에게나 책이 재미있다는 걸 경험하는 일이 대단히 중요하다.'

청소년기로 접어든 10대만 해도 그동안 책과 소원했다면 책 읽는 사람이 되기 대단히 어렵다. 거의 불가능에 가깝다. 그나마 그를 책의 세계로 다시 이끌기 위해서는 친구, 교사, 혹은 주위에 롤모델로 삼을 만한 누군가가 책을 읽는 사람이어야 한다. 그들에게 영향을 받아 '나도 책을 읽는 사람이 되고 싶다'는 마음이 동해야 비로소 가능성을 기대할 수 있다. 하물며 지금껏 책과 담을 쌓은 성인이 책 읽는 사람이 되는 일은 말하지 않아도 그 어려움을 짐작하기 충분하다. 누군가 안내자가 절실하다.

동네책방의 미래를 위해 해야 할 일은 한두 가지가 아니다. 앞서 살핀 것처럼 제도적 보완과 정책적 지원 같은 시스템의 개선도 절실하다. 책방을 문화적 콘텐츠로 인식하는 거시적인 시야도 필요하다. 더불어 왜 책방을 하는가에 대한 서점주의 인식도 요구된다.

하지만 '누군가'에게 가장 가까운 곳에서 책을 만나는 방법을 제안하는 노력이야말로 가장 근본적인 일이 아닐까. 다시 말해 지역민을 독자로 이끄는 방법을 찾는 일이다. 어떻게 해야 하는지는 책방이 어디에 있는지, 규모는 얼마나 크고 작은지, 책방의 성격은 어떤지에 따라 제각각일 수밖에 없다. 지역민이 좋아할 콘텐츠를 제공하는 큐레이션을 선보이고, 책읽기의 즐거움을 맛볼 수 있는 프로그램을 만들고, 독서 네트워크를 활성화시키는 방법 등이 떠오른다.

그 길은 책방마다 여러 갈래로 나아갈 수 있을 테다. 그럼에도 이모든 것이 나아갈 방향은 하나다. 사적인 비즈니스이지만 공공적 역할 또한 수행하는 것. 책을 파는 것에서 나아가 더 많은 사람을 적극적으로 책의 시민으로, 책의 세계로 이끄는 것. 그것이야말로 지금 동네책방이 맡은 역할이자, 어쩌면 오래 그 자리에서 책방 문을 열고 독자를 만날 수 있는, 말하자면 책 생태계에 속한 우리 모두의 생존을 가능케할 길이 되어주지 않을까.

출간 전 먼저
읽었습니다

삼일문고 김기중 대표

서점을 연 뒤 제일 먼저 인터뷰 요청을 해온 분이 바로 이 책의 저자이자 출판평론가인 한미화 선생이었다. 시작한 지 얼마 되지도 않았는데 구미까지 직접 찾아오신 걸 보고 무척 놀랐다. 서점에 대한 남다른 애정으로 전국 서점을 다니며 오랜 기간 취재를 해왔기에 이 책이 나올 수 있었을 거라 생각한다. 서점에 대해 그가 그동안 쓴 글만 묶어도 한 권의 책이 충분히 나올 법한데, 이 책은 그것을 뛰어넘어 동네책방의 탄생부터 현재까지를 아우르며 동시에 도서정가제와 공급률, 온·오프라인 서점의 과점화 등 서점 생태계를 둘러싼 환경, 오늘날 서점이 처한 여러 구조적인 문제까지 심도 있게 다루고 있다. 그가 얼마나 오랫동안 서점 생태계를 지켜보며 많은 고민을 해왔는지 알 수 있다.

*

2014년, 구미를 대표하던 60년 전통의 종합서점이 문을 닫으면서 느꼈던 상실감이 서점을 해야겠다는 마음으로 이어졌다. 문을 열기까지 전국 곳곳 많은 서점을 다니며 2년간 준비했지만 서점들의 내부 속 사정까지는 알기 어려웠다. 그런 탓에 실제로 서점 운영을 하며 당황스러웠던 점이 한두 가지가 아니다. 운영 자금이 계속해서 들어가던 초반 무렵, 서점인들과 만난 자리에서 누군가 내게 물었다.

"그쪽도 생계형 서점입니까?"

비록 반쯤은 우스갯소리로 던진 물음인 걸 알지만, 머리를 한 대 세게 얻어맞은 듯했다. 책방을 시작할 때는 구미 시민들과 함께할 즐거운 상상만으로 마냥 들떠 있었다. 생계, 생존, 유지라는 단어로 고민을 하게 될 줄은 짐작조차 하지 못했다. 그러나 지금은 '책을 팔아 유지 가능한가?', '이대로 생존 가능한가?'라는 물음에 늘 직면한다.

'한겨레교육문화센터'의 '한겨레책방창업스쿨'에서 서점 마케팅 강연을 맡은 지 2년이 다 되어가는데, 강연을 할 때마다 순수하게 책을 팔아서 먹고 사는 동네책방 사례가 거의 없어서 매우 난감하다. 제법 성공했다는 평을 듣는, 유명한 동네책방마저도 수익 측면에서 여전히 분투하고 있고, 심지어 많은 곳이 이미 폐업을 했다. 경쟁력 없는 서점이 사라지는 게 아니라 정말 좋은 서점들이 못 버티고 문을 닫는다. 그런 형편인 걸 알고 있는 까닭에 책방창업 강연에서조차 번역, 편집, 디자인 등의 부업이나 카페, 숙박과 같은 플러스 알파를 오히려 권하는 실정이다. 왜 이런 것일까? 이유는 분명하다. 지금 같은 환경에서는 책을 팔아 수익을 내기 어렵기 때문이다. 온라인/오프라인, 대형/중·소형, 수도권/지역 등으로 나뉘는 양극화 현상, 판매되는 책의 90퍼센트가 베스트셀러에만 집중되는 현상 등 책 시장의 불균형은 매우 심각하다. 더

늦기 전에 이를 바로잡기 위한 서점 유통의 구조적 개선과 시민들의 관심이 절실히 필요한 시점이다.

*

책 시장의 불균형을 바로잡기 위한 논의가 어느 때보다 필요한 이 시점에 동네책방의 어제와 오늘을 살피고, 내일을 함께 고민한 『동네책방 생존 탐구』의 출간은 시의적절하다. 새로운 책방들이 제대로 성장하기도 전에 사라지는 안타까운 일을 막고, 책을 팔아서 오랫동안 책방을 하고 싶은 이들에게 이 책이 문제 해결을 위한 본격적이고 진지한 논의의 시작점, 새로운 내일의 마중물이 되기를 바란다. 그리하여 동네책방이 생계를 논하지 않아도 마음만 있으면 누구나 할 수 있는 일이 되기를, 직원 한 명 채용하기 힘들어 책방 주인들이 스스로를 끝까지 소진한 뒤에 결국 문을 닫는 슬픈 광경을 더 이상 보지 않기를 바란다. 그런 마음으로, 동네책방에 관심을 갖고 계신 모든 분들께, 동네책방을 사랑하는 독자분들께 20여 년 넘게 책과 책방에 대한 애정으로 책 생태계를 한결같이 지켜봐온 출판평론가의 애정과 공력이 가득한 이 책의 일독을 권한다.

"동네책방은 가고 싶은 책방을 직접 만들고 싶다는 마음, 바로 거기부터 시작했다. 그리고 이제 동네책방은 읽고 싶은 이들을 읽기의 세계로 이끄는 안내자이자, 한 권의 책과 오감으로 만나고 싶은 '내가 찾던 곳'이 되어 우리 곁에 존재한다."

"하고 싶은 일을 나만의 방식으로 해보겠다는 마음, 취향을 공유할 공간을 찾으려는 마음이 모여 동네책방의 기폭제가 되었다. 책방이야말로 책과 사람을 연결하는 공간이라는 걸 깨우친 이들이 책방 탄생의 물결을 만들었다. 이들이 가장 중심에 둔 것은 다름아닌 바로 책이다. 사람이다."

"내가 좋아하는 것을 여기 모인 이들도 좋아한다. 지친 마음은 쉴 자리를 얻는다. 그곳에 누군가와 연결되기를 바라는 마음들이 모여든다. 책방은 이런 이들이 함께 모여 이루는 마음의 고향이다. 동네책방은 그런 곳이다. 우리 동네에 작은 책방이 있어야 하는 이유는 이것으로 충분하다."

"우리에게도 책이 무섭게 팔리던 시절이 있었다. 지금은 아니다. 이미 책은 올드 미디어 취급을 받고 있다. 골목마다 자리잡았던 책방들이 하나둘 사라지고 있다. 정성껏 골라놓은 책을 사진만 찍고 정작 온라인 서점에서 산다면 책방은 어떻게 될까? 한 권의 책은 어디서 사나 똑같지만 정말 똑같은 걸까?"

"책방 주인들이 온갖 노력을
다하지만 이익을 확보하기
어려운 구조의 선봉에는 출판사와
책방 사이에 존재하는 공급률이 있다.
여기에 공정을 추구한 현장에서는
유령 책방이 생겨났고, 새로운 시도 앞에
다양한 폐해가 등장했다. 온갖 다툼과
편법으로 오늘도 동네책방의
피로감은 높아져만 간다."

"도서정가제를 둘러싼 현실적
이해 관계는 복잡하다. 이대로라면 오로지
베스트셀러만이 살 만한 책의 기준이
될 것이라는 점은 분명하다. 그런 세상의
책은 얼마나 별 볼 일 없겠는가.
책방이야말로 책의 다양성을 담보하는
보루다. 다양성이 사라진다면 가장 먼저
독자들이 책으로부터 떠날 것이다."

"혼자 읽던 책을 함께 읽는
세상이 되었다. 오늘 우리의 책방은
미래의 독자를 만들기 위해 어떻게
노력할 것인가. 동네책방이 나아갈 방향은
하나다. 사적인 비즈니스이지만
공공적 역할 또한 수행하는 것.
그것이야말로 동네책방의 생존을
가능케할 길이 아닐까."

"'나만의 책방'이 지닌 색깔을
지키려는 노력이 개성 있는 책방을
향한 첫걸음이자 모두를 위한
길이라는 걸 아는 이들이 질문을
이미 시작했고, 나름의 답을 찾고 있다.
힘들어도 이런 노력만이 생존을
가능케하는 발판일 수밖에 없다.
생존 가능성은 여기에서부터
찾아야 한다."

이 책을 둘러싼 날들의 풍경

한 권의 책이 어디에서 비롯되고, 어떻게 만들어지며,
이후 어떻게 독자들과 이야기를 만들어가는가에 대한 편집자의 기록

2018년 여름. 1인 출판사 '혜화1117'을 시작한 지 얼마 되지 않은 편집자를 응원하기 위해 와준 저자와 오랜만에 만나 혜화동로터리 칼국수집에서 점심을 먹고 차 한 잔을 나누다. 이 자리에서 그동안 저자가 써온 책방 인터뷰 원고에 관해 이야기를 나누다. 그것만으로도 이미 책한 권의 분량이 차고도 넘치나 그것만으로 책을 내기보다 다른 방향으로 고민해보자는 의견을 나누다. 준비 중인 저자의 새 책 출간 이후 본격적으로 이야기를 나눠보기로 하다.

2019년 여름. '혜화1117'의 여섯 번째 책 『우리가 사랑한 소녀들』 추천사를 써준 저자와 책 출간 전후로 만나다. 다른 출판사에서 곧 나올 저자의 새 책 『아홉 살 독서수업』의 출간 일정을 들으며 함께 만들 새 책의 출간일을 꿈꾸다. 이미 책의 가제를 '동네책방 전성기 탐구'로 정해두다.

2019년 가을. 저자로부터 그동안의 인터뷰를 바탕으로 동네책방 생태계의 전반을 소상하게 다룬 1차 구성안을 받다. 더할 것도 없고 보탤 것도 없는 이대로의 구성안으로 책의 구성을 정하다. 편집자는 지금까지 나온 '주목할 만한 동네책방의 탐방기', '책방 주인들과의 인터뷰', '책방 주인들의 운영기' 등과는 다른, 이 모든 것을 아우른 동네책방을 둘러싼 책 생태계의 전반을 다룬 책을 만들 수 있겠다는 기대를 품다. 2020년 상반기 출간을 예정하다.

2020년 4월. 구성안에 매우 충실한 1차 원고를 받다. 편집자는 원고를 검토한 뒤 몇 가지 의견을 보태다. 2020년 대한민국은 물론 전 세계를 그야말로 '강타'한 '코로나19'의 영향으로 자영업자들의 힘겨운 나날이 이어지고, 동네책방 역시 고투의 나날을 보내고 있는 현실을 바라보며 이 책의 제목을 '동네책방 전성기 탐구'에서 '동네책방 생존 탐구'로 변경하다. 애초 동네책방 탄생의 붐업을 둘러싼 과정을 살피고, 그들의 고투의 날들을 응원하며 지속가능한 미래를 염원하는 책을 만들기로 했으나 '생존'이 무엇보다 우선이라는 현장의 상황을 바라보며, 거의 매일 책방들이 문을 닫고, 생존을 위해 힘겨운 상황을 이겨나가는 소식을 접하며 동네책방을 둘러싼 구조적인 문제에 대해 좀 더 깊이 살펴보기로 하다. 이러한 문제의식을 어디까지 담을 것인가를 두고 저자의 고민이 갈수록 깊어지다. 한편으로 편집자는 이 책의 표지를 동네책방의 일상을 여러 모습으로 담은 그림으로 구성하는 것을 계획하고, 목수이자 그림을 그리는

김필섭에게 표지 그림을 의뢰하다.

2020년 5월. 저자로부터 수정 원고를 받다. 이전의 원고에서 전면적으로 바뀐, 거의 새로 쓰다시피 한 원고를 받아들고 편집자는 약 20여 년 동안 한결같이 책 생태계를 응원해온 저자의 지난 시간의 의미를 확인하다. 내리막길이며 사양산업이라는 확언이 난무하는 책 생태계의 일원으로서 객관을 표방한 냉정한 어투와 현명함을 내세우는 비정한 평가가 아닌 어제와 오늘을 섬세하게 살피면서 동시에 지속가능한 우리 모두의 내일을 응원하는 저자의 마음을 행간을 통해 확인하다. 동시에 저자와 편집자 모두 책방을 둘러싼 여러 상황에 대해 잘못 서술하거나 특별히 아쉬운 부분이 있을 수 있다는 염려를 배제하지 못하다. 하여 편집자 출신으로 실제 책방을 운영한 경험이 있는 조형희 '땅콩문고' 전 대표에게 원고의 일독을 부탁하다. 일독 후 보내온 그의 회신에 큰 힘을 얻다. 김필섭으로부터 표지 그림의 시안이 밤낮으로 당도하다. 본문의 레이아웃을 디자이너 김명선에게 의뢰하다. 본문의 교정 및 디자인에 본격 착수하다. 원고를 쓰는 저자, 표지의 그림을 그리는 작가, 책 전체의 모양새를 맡은 디자이너가 편집자를 통해 서로의 결과물을 실시간으로 공유하며 의견을 교환함으로 책은 점점 완성의 단계로 나아가다.

2020년 6월. 뒤늦게 계약서를 작성하다. 이 날은 마침 '혜화1117'의 여덟 번째 책 『옛 그림으로 본 서울』 출간을 기념하는 독자와의 만남이 서대문 '원앙아리'에서 예정된 날이기도 하여 이 책의 저자인 최열 선생, 원앙아리의 한이경 대표와 더불어 영천시장 골목 깊숙한 냉면집에서 저녁 식사를 함께 하다. 이것으로 계약서 작성과 동시에 조만간 나올 새 책의 출간을 미리, 더불어 축하하다. '혜화1117'의 시작부터 늘 든든한 응원자인 유유 출판사로부터 서점에 관한 새 책의 출간 예정 소식을 듣다. 마침 비슷한 시기에 비슷한 대상에 관한 책을 만들게 되었으니 출간의 시기를 맞춰 공동으로 홍보를 해보자는 제안을 조심스레 건네다. 이미 수많은 독자들의 신뢰를 받고 있는 유유 출판사에 과연 도움 되는 것이 있을까 싶어 거절을 각오했으나, 유유 출판사의 모든 직원이 이 제안을 받자마자 흔쾌하게 수락하다. 기쁘고 감사한 마음은 물론 이 호의에 누가 되지 않도록 해야겠다는 마음을 다시 한 번 다지다.

2020년 7월. 본문의 교정, 디자인, 후반 작업 등이 순조롭게 이어지다. 구미의 '삼일문고' 김기중 대표에게 원고의 일독은 물론 '먼저 읽은 독후감'을 부탁하다. 원고를 일독한 김기중 대표로부터 매우 세심한 의견과 조언을 듣다. 이 부분을 저자는 기꺼이 수용, 반영하다. 약속한 날짜에 정확하게 부탁한 원고가 당도하다. 유유 출판사의 새 책은 이미 출간하였으나 이 책과의 공동 홍보를 위하여 출고를 보류하다. 민폐를 최소화하기 위해 관계자들 모두 노력하다. 표지를 확정하다. '출판평론가 한미화의 동네책방 어제오늘 관찰기+지속가능 염원기'로 부제를 확정하다. 출간을 목전에 둔 편집자는 이 책의 처음 시작을 돌아보다. 그 시작점에 2013년 한국에서 번역 출간된 일본 책 『서점은 죽지 않는다』(이시바시 다케후미 지음, 백원근 옮김, 시대의 창)가 있었음을 떠올리다. 그 책을 읽은 뒤 품었던, 언젠가 한국에서도 '동네책방에 관한 책을 만들고 싶다'는 그 마음이 이 책의 출발이라는 사실을 기억하다. 이 기억은 동네책방에 관한 일본의 책을 한국 독자들이 읽었으니, 이번에는 한국의 책을 일본의 독자들에게도 선 보이고 싶다는 생각으로 이어지다. 그러나 과연 일본 출판사에서 관심을 가져줄 것인지 확신하지 못하다. 고민 끝에 7월 2일 일본의 쿠온 출판사에 초고와 함께 제안 메일을 보내다. 30일 쿠온 출판사로부터 "한국의 출판 정황을 폭넓게 알 수 있는, 정감 있는 리포트"라는 소감과 함께 '이 책을 번역 출간하고 싶다'는 답장 메일을 받다. 제안은 했지만, 막상 이루어질 거라는 생각을 하지 못했던 편집자는 할 말을 잃고 답장 메일 화면을 한동안 뚫어지게 바라만 보다.

2020년 7월 20일. 표지 및 본문의 최종 점검 후 인쇄 및 제작에 들어가다. 표지 및 본문 디자인은 김명선이, 표지 그림은 김필섭이, 제작 관리는 제이오에서 (인쇄:민언프린텍, 제본:정문바인텍, 용지:표지-스노우화이트250그램, 본문-그린라이트100그램, 면지-화인페이퍼110그램), 기획 및 편집은 이현화가 맡다.

2020년 8월 5일. '혜화1117'의 열 번째 책 『동네책방 생존 탐구』 초판 1쇄본이 출간되다. 주요 언론사에 출간 이후 공동으로 홍보하기로 한 유유 출판사의 책 『미래의 서점』과 함께 보도자료를 배포하다. 혼자 일하는 편집자의 여러 사정을 배려하여 유유 출판사 여러 직원들이 궂은 일을 도맡아주다. 두 권의 책과 보도자료를 언론사 및 주요 서점에 배포하면서 아래의 글을 동봉하다.

> **작은 존재들의 연대,**
> **작은 출판사에서 따로 만든 책을 함께 알립니다**
>
> '유유 출판사'와 '혜화1117'은 우연히 '책방'에 관한 책을 비슷한 시기에 준비하고 있음을 알게 되었습니다.
> 2014년 개정 도서정가제 시행 전후, 동네책방이 많이 생겼습니다. 책방 전성기라 불릴 만큼 많은 이가 주목했고, 어느덧 '책방 순례'라는 말이 낯설지 않게 되었습니다. 하지만 책 생태계는 그리 편안치 않습니다. 개인이 많은 걸 책임져야 하는 고단함과는 별개로 게임의 규칙은 어딘지 불공정해 보입니다. '내리막길을 걷고 있다'는 세간의 평을 듣는 책의 미래와 함께 책방의 오늘과 내일은 썩 밝아 보이지 않습니다. 그럼에도 불구하고, 여전히 책 생태계에는 책을 만드는 이들이 있고 파는 이들이 있으며 우리의 동일한 바람은 한 권의 책이 더 많은 독자에게 가 닿는 것입니다. 때문에 책을 만드는 이와 파는 이들은 동료이며, 동반자입니다. 책방에 관한 책을 힘껏 만드는 이유입니다.
> 2010년 1인 출판사로 시작, 이미 130여 권의 책을 펴낸 '유유 출판사'는 그동안 서점에

관한 책을 꾸준히 펴내 왔습니다.

2018년 1인 출판사로 시작, 꼭 10권의 책을 펴낸 '혜화1117' 대표의 원래 꿈은 동네책방을 꾸리는 것이었습니다.

이 두 출판사가 비슷한 시기에 출간한 두 권의 책은 공교롭게 형식은 다르지만, 책방의 오늘을 살피고 내일을 모색하는 진지한 고민을 담고 있습니다.

'유유 출판사'에서 펴낸 『미래의 서점』은 젊고 호기심 많은 중국 유력 경제주간지 취재팀이 일본과 대만, 중국, 미국의 몇몇 도시에 들어선 새로운 서점을 탐방하며 미래의 서점을 전망한 책입니다.

'혜화1117'에서 펴낸 『동네책방 생존 탐구』는 출판평론가로 약 25년여 활동해온 저자 한미화가 수 년의 관찰과 취재를 통해 우리나라 동네책방을 둘러싼 여러 상황을 종합적으로 살피고, 지속가능성의 염원을 담은 책입니다.

이렇게 두 권의 책을 함께 알리는 이유는 책을 펴낸 출판사도, 두 권의 책이 함께 바라보는 동네책방도 같은 생태계의 일원이기 때문입니다. 우리가 함께 어깨를 걷고, 책과 책방을 사랑하는 수많은 독자에게 이곳에 책이 있음을, 책을 만들고 파는 사람들이 여전히 맹렬하게 자신의 일에 열과 성을 다해 복무하고 있음을 더 깊고 큰 목소리로 전하고 싶기 때문입니다.

책방을 사랑하는 많은 독자들께 이 두 권의 책이 함께 기억되면 좋겠습니다.

『한겨레』에 '살아남은 책방, 사라진 책방'이라는 제목의 서평이 실리다. 『문화일보』에 '전국 각지 동네책방의 현실'이라는 제목으로 서평이 실리다. 『동아일보』에 [책의 향기] 책방, 지친 여행자에게 말을 거네'라는 제목으로 저자 한미화 선생의 글이 실리다. 선생의 이름 앞에 출판평론가라는 익숙한 타이틀과 나란히 '동네책방 생존탐구 저자'라는 타이틀이 처음으로 붙다. 『조선일보』 '내 책을 말한다'에 한미화 선생의 글이 실리다. 『한국일보』에 "책보다 팥빙수 더 많이 판 동네서점, 괜찮을까요"라는 제목으로 저자 인터뷰 기사가 실리다. 인터뷰는 '혜화1117' 출판사에서 진행하다. 『매일경제』에 '작은 서점이 책 생태계 뿌리…… 동네책방의 미래를 묻다'라는 제목으로 서평이 실리다. 『동아일보』에 '동네책방 한다는 건 돈 없는 정우성이란 산다는 것'이라는 제목으로 저자 인터뷰 기사가 실리다. 한기호 한국출판마케팅 연구소장은 『국민일보』 [청사초롱] 왜 도서정가제인가'라는 제목의 칼럼에서 이 책을 의미 있게 언급하다. 온라인서점 '예스24'의 '지금 이 책'에 선정되어 메인 화면에 등장하다. '서촌그책방' 하영남 사장님으로부터 출간 직후 "『동네책방 생존 탐구』내용까지 출중♡생각이 많아지는 좋은 책이네요." 라는 문자를 따로 받다. 김포 지역 '꿈틀책방', '코뿔소책방', '술딴스북카페'의 자발적 공부 모임에서 한미화 선생님을 초대하다. 그곳에 가신 선생님은 당시 초등학교 1학년 엄수민 어린이로부터 책 표지 그림을 선물 받다. 이걸 본 순간 선생님은 "심장이 녹는 줄 알았다"는 소감을 전해 주시다.

출간 직후 도서정가제 개정을 둘러싸고 상황이 심상치 않게 돌아가면서 출판계와 서점업계, 작가 등이 모두 뜻을 모아 개악을 막기 위한 노력을 펼치다. 이 노력에 힘을 보태는 것은 물론 나아가 완전 도서정가제를 촉구하는 뜻을 담아 유유 출판사와 함께 도서정가제를 지지하고 응원하는 카드 뉴스를 제작, 배포하다. 그 문안을 여기에 옮겨 적다.

#1. 도서정가제를 아시나요?

한마디로 제 값 주고 책을 사자는 제도입니다.

쉽게 말해 출판사에서 정한 책값을 전국 어디에서나 똑같이 일정 비율 이내로만 할인해서 팔자는 겁니다.

#2. 도서정가제가 요즘 왜 이렇게 시끄러워요?

책값을 무제한으로 할인해 팔던 시절이 있습니다. 출판사도, 책방도, 독자도 모두 혼란스러웠지요. 그래서 2017년 할인폭을 제한하는 개정 도서정가제를 3년 시안으로 시행했어요. 3년이 지난 2020년 11월, 도서정가제의 향방을 두고 다시 또 도서정가제는 모두의 관심사로 떠올랐습니다.

#3. 지난 3년 동안은 어땠는데요?

주위를 둘러보세요. 동네책방이 부쩍 늘어나지 않았나요? 서울 수도권에서만 볼 수 있던 사랑스러운 공간들이 전국 곳곳에 탄생하고 있어요. 독자들은 이전에 비해 훨씬 다양한 공간에서 다양한 책을 만날 수 있게 되었어요. 무제한으로 할인하던 시절에는 사라져가기만 하던 풍경들이 다시 되살아나고 있다는 걸 우리 눈으로 직접 확인할 수 있어요.

#4. 도서정가제와 책방 탄생이 무슨 관계가 있어요?

작은 동네책방의 등장은 책 생태계가 회복되고 있다는 매우 소중한 상징이에요. 책은 온라인에서도, 대형서점에서도 물론 살 수 있어요. 편리함으로는 이런 곳을 따를 수가 없어요. 그러다 보니 시장은 점점 온라인, 대형서점, 대형출판사 중심으로 흘러가기만 했어요. 그런데 2017년 개정 도서정가제를 시행하자 곳곳에서 다양한 책을 만날 수 있는 공간들이 등장한 거죠. 그러면서 예전에는 눈에 잘 안 보이던 작은 출판사의 다양한 책들을 독자들이 직접 만날 수 있는 기회도 많아졌어요.

#5. 독자 입장에서는 책을 싸고 편하게 살 수 있으면 좋은 거 아니에요?

시장의 논리로만 보자면 그렇게 생각할 수 있어요. 그런데 책까지 그래야 할까요? 좀 더 싸게, 좀 더 빠르게 살 수 있는 건 다른 것도 많죠. 하지만 책은 다양성이 생명이에요. 10만 부가 팔리는 책도 있어야 하지만 500권이 팔리는 책도 있어야 해요. 도서정가제가 무너지면 무조건 잘 팔리는 책만 살아남을 수 있어요. 다양한 책이 사라진 세상은 얼마나 삭막할까요? 책을 제값 주고 사는 문화가 정착이 되어야 재미있고 다양한 책을 오래오래 만날 수 있어요. 도서정가제는 그런 문화의 첫걸음입니다.

#6. 상상해 보세요. 다양한 책이 사라진 풍경을!

"오로지 자본력, 광고, 작가 인지도, 문학상 수상, 유명인 추천, 영화화 발표 등만이 살 만한 책의 기준이 된다면, 그런 세상의 책은 얼마나 별 볼 일 없겠는가! 베스트셀러만 만들고 팔리면, 책방이 복사용지나 주방세제를 파는 쇼핑몰과 똑같으면 출판, 서점 생태계는 무너진다."_『동네책방 생존 탐구』 중에서

지금 당장 책 한 권을 싸게 사는 건 좋아 보이지만, 그로 인해 지금 만날 수 있는 다양한 책들은 모두 사라져버릴 수도 있어요.

#7. 상상해 보세요. 도서정가제가 만들어주는 풍경을!

"독자는 어디에서나 같은 책을 같은 값에 살 수 있다. 독자가 출판물에 접하는 기회가 균등하다. 지나친 시장화로 인해 일부 비인기 도서가 사라지는 현상도 피할 수 있다. 규모가 큰 출판사건 작은 출판사건 일정한 이윤을 유지할 수 있고, 출판의 자유와 출판되는 지식 분야의 다양화가 보장된다."_『미래의 서점』 중에서

제 값 주고 책을 사기만 해도 싸게 살 방법을 찾느라 시간을 허비하지 않아도 되고, 언제든 맘에 드는 책을 그 자리에서 살 수 있어요.

#8. 도서정가제는 출판사나 책방만을 위한 거 아니에요?

그렇지 않아요. 다양한 책을 만드는 출판사, 정성껏 책을 고르는 책방은 결국 누구를 위한 곳일까요? 모두 독자를 위해 존재해요. 작지만 꾸준히 제자리에서 독자를 위해 더 좋은 책을 만들고 파는 공간을 유지할 수 있어야 책 생태계는 건강해지고, 독자들

은 더 좋은 책을 오래오래 만날 수 있습니다.

#9. 책은 이미 내리막길에 접어들지 않았나요? 도서정가제로 책이 다시 살아날 수 있나요?

2017년 개정 도서정가제 시행 이후 동네책방이 곳곳에서 탄생했어요. 다양한 책들이 다양한 공간에서 독자들을 만났어요. 책 생태계가 훨씬 건강해졌어요. 기울어진 운동장을 조금만 바로 잡아도 이렇게 책은 우리 곁에 훨씬 다양한 모습으로 가까이 올 수 있어요.

#10. 작은 출판사 유유X혜화1117은 도서정가제를 응원합니다.

한 발 더 나아가
우리가 만든 책을 독자들이 언제 어디서나 같은 값에 살 수 있는
완전도서정가제를 지지합니다.

2020년 9월. 『서울신문』에 '동네책방, 살아남을 수 있을까'라는 제목의 서평이 실리다. 대전 계룡문고 이동선 대표는 『충청투데이』 '명사가 추천하는 책'에 '동네책방 지키는 동네 주민이 되자'라는 제목과 함께 이 책을 추천하다. 한국출판문화산업진흥원의 '10월의 추천도서'에 선정되다.
2020년 10월. 교보문고 광화문점 '문장수집+함께' 기획전의 도서로 선정, 카우리 테이블 위에 다음의 문장과 함께 전시되다.

"그곳에 누군가와 연결되기를 바라는 마음들이 모여든다. 책방은 이런 이들이 함께 모여 이루는 마음의 고향이다."

2020년 8월 24일. 일본 쿠온 출판사와 일본어판 번역 출간에 관한 계약을 체결하다. 이로써 '혜화1117'의 책이 최초로 한국 밖의 독자들을 만날 날을 기약하게 되다.
2020년 10월. 한국서점연합회에서 도서정가제 개악을 막기 위한 캠페인의 일환으로 『동네책방 생존 탐구』를 정부 관계 부처 직원들에게 발송하다.
2020년 11월. '2020발견! 경기 동네서점展' 행사 오프닝 토크 '포스트코로나 시대, 동네서점이 가야 할 길'에 저자 한미화 선생이 참여하다.
2020년 12월 15일. 쿠온 출판사로부터 『서점은 죽지 않는다』의 저자 이시바시 다케후미 선생

이 일본어판의 편집과 해설을 맡고 있다는 소식을 전해 듣다. 책의 출발, 일본의 독자들에게 이 책을 전하고 싶다는 희망의 순간에 떠올리던 이름을 뜻밖의 순간에 다시 듣게 된 편집자는 책 한 권이 만들어준 아름다운 풍경 앞에서 '하고 있는 일'의 의미에 대해 다시 생각하다.

2022년 3월. 초판 1쇄본이 소진되어 2쇄본을 준비하기에 이르다. 한미화 선생으로부터 출간 후 이 순간까지 1쇄본에 언급한 많은 책방들의 고군분투의 현실이 고스란히 담긴 수정사항을 받아든 편집자는 책방 생태계의 관찰자로서의 역할에 여전히 소홀함 없는 선생의 태도를 확인하다. 동시에 지난 21개월여 동안, 변화무쌍한 시절을 통과하며 문을 닫은 책방들을 향한 애석함, 여전히 그 자리에서 현재진행형으로 존재하는 책방들에 대한 존경, 부디 다음 쇄가 나올 때까지 그 자리에 단단히 자리잡기를 바라는 응원의 마음이 어지럽게 교차하다. 이런 마음으로 수정사항을 반영하노라니 본문 전체를 다시 점검해야 하는 상황에 이르다. 그러나 이 또한 오늘의 현실이며, 우리 곁의 책방의 현실이라는 생각에 지나치지 않고, 있는 그대로를 담아내다.

일본어판 출간 소식을 이곳에 담고 싶었으나 일정이 지연되어 뜻을 이루지 못하다. 그러나 그대로 지나치기에는 아쉬워 일본 쿠온 출판사 담당자에게 책에 관한 기본정보를 요청하다. 2022년 봄에 출간 예정이라는 소식과 함께 아래와 같은 안내 메일을 받다.

> 일본어판 제목 : 『한국 동네책방 생존 탐구』(韓国の『街の本屋』の生存探求)
> 번역 : 와타나베 마도카
> 해설 및 편집 : 이시바시 다케후미
> 디자인 : 오쿠라 신이치로, 안도 시노
> 담당자 : 이토 아키에

여기에 더해 추천사는 일본 전국 서점 영업을 직접 하는 것으로 널리 알려진 나츠하샤 출판사 시마다 대표가 써주기로 했다는 것, 한국어판처럼 일본어판에도 책을 만드는 과정을 따로 담을 예정이라는 소식을 전해 듣다. 책의 앞날개에 초판1쇄본 출간 후 혜화1117 출판사 공간에서 이루어진 『한국일보』와의 인터뷰 당시 촬영한 저자의 사진을 새롭게 싣기로 하다. 사진에 실린 한미화 선생님의 표정이 특별히 좋고, 함께 담긴 『동네책방 생존 탐구』책을 기념하는 의미로 편집자는 기꺼이 사진 사용에 관한 비용을 지불하다.

2022년 3월 25일. 초판 2쇄본을 출간하다. 이후 기록은 3쇄본에 추가하기로 하다.

동네책방 생존 탐구

2020년 8월 5일 초판 1쇄 발행
2022년 3월 25일 초판 2쇄 발행

지은이 한미화
펴낸이 이현화
펴낸곳 혜화1117 **출판등록** 2018년 4월 5일 제2018-000042호
주소 (03068)서울시 종로구 혜화로11가길 17(명륜1가)
전화 02 733 9276 **팩스** 02 6280 9276
전자우편 ehyehwa1117@gmail.com
블로그 blog.naver.com/hyehwa11-17 **페이스북** /ehyehwa1117
인스타그램 /hyehwa1117

ⓒ 한미화

ISBN 979-11-963632-9-1 03300